LE
NÉCROMANCIEN,
OU
LE PRINCE A VENISE.

LE NÉCROMANCIEN,

OU

LE PRINCE A VENISE.

MÉMOIRES DU COMTE D'O***,

PAR SCHILLER,

TRADUITS ET TERMINÉS

Par Mme. la Baronne DE MONTOLIEU.

TOME SECOND.

A PARIS,

Chez P. BLANCHARD et Compie., Libraires, rue Mazarine, no. 30;

Et Palais-Royal, galerie de bois, no. 249.

AU SAGE FRANKLIN.

1811.

LES APPARITIONS,

OU

LE PRINCE A VENISE.

LETTRE PREMIÈRE.

LE BARON DE F***, AU COMTE D'O***.

Mai, 17**.

Je vous remercie, mon digne ami, de m'avoir permis de continuer, malgré l'absence, une intime confiance qui a fait tout mon bonheur pendant votre séjour à Venise. Vous le savez; il y a certaines choses sur lesquelles je n'ai personne ici avec qui je puisse m'entretenir à cœur ouvert. Quoi que vous puissiez me dire, j'ai ce peuple en aversion, depuis surtout que le prince est devenu un des leurs; votre départ m'a laissé seul, et je me trouve comme abandonné au milieu de cette ville populeuse. Z*** prend plus facilement son parti : les beautés de Venise le dédommagent des désagrémens que nous éprouvons ensemble, ou les lui font oublier. Au fond, que regretterait-il? il n'a vu et ne demande dans le prince qu'un maître; il le trouve en tout point : mais moi, vous savez quelle part mon cœur a toujours pris aux peines et aux plaisirs du prince, et combien je lui devais cet attachement. Il y a seize ans que je suis auprès de lui et que je ne vis que pour lui. A l'âge de neuf ans, je suis entré à son service; dès lors je ne l'ai pas quitté un instant. Je me suis formé avec lui et pour lui; j'ai partagé toutes ses aventures, les petites comme les grandes; je vivais de son bonheur. Jusqu'à cette année malheureuse, je n'ai vu en lui qu'un frère aîné, un ami; son regard était pour moi un soleil bienfaisant: auprès de lui, quand il était heureux, ma félicité était sans nuage, et il faut que tout cela... s'écroule dans cette malencontreuse cité.

Depuis que vous nous avez quittés tout a bien changé autour de nous. Le prince de D... est arrivé la semaine dernière avec une suite nombreuse, et il a imprimé à notre cercle un mouvement rapide et brillant. Comme il est allié de très-près à notre prince, et qu'ils sont parfaitement bien ensemble, il est probable qu'ils se quitteront peu jusqu'à son départ, qui paraît fixé à l'Ascension. Ils n'ont déjà pas mal commencé : depuis dix jours le prince n'a pas eu le temps de respirer. Celui de.... D.... a d'abord pris le vol le plus élevé, et il pourra le soutenir, son séjour ici devant être si court. Mais ce qu'il y a de fâcheux, c'est que notre prince, vu la position respective des deux maisons, n'a pas cru devoir rester en arrière. Au reste, notre séjour à Venise n'étant pas non plus infiniment éloigné de son terme, il faut espérer que la dépense extraordinaire dont il a été l'occasion, finira aussi avec lui.

Le prince de F... d.... est ici, dit-on, pour les affaires de l'ordre Teutonique : il s'imagine en conséquence y jouer un rôle important. Vous comprendrez aisément que toutes les connaissances du prince n'ont pas tardé à être les siennes. Il a été reçu en grande pompe dans le *Bucentaure*, et assurément il y avait des droits incontestables, puisqu'il s'est mis dans la tête de faire à la fois l'esprit fort et le bel esprit, et que dans les correspondances qu'il entretient avec les quatre parties du monde, il ne se fait appeler que le *Prince philosophe*. Je ne sais si vous avez jamais eu le bonheur de le rencontrer. Un extérieur heureux, des yeux pleins de vivacité, un air de connaisseur, un étalage de lecture, un naturel étudié (passez-moi ce terme), une noble condescendance aux sentimens de l'humanité, une confiance en lui-même digne d'un héros, et surtout une éloquence à laquelle tout doit nécessairement céder : qui pourrait refuser son hommage à un héritier du roi, qui possède des qualités aussi éminentes ? La suite nous apprendra quel doit être en parallèle avec tant d'avantages si brillans, l'effet du mérite réel, mais sans éclat, de notre prince. Notre demeure n'est plus la même : nous occupons un magnifique palais vis-à-vis de la nouvelle procuratie; le prince se trouvait trop à l'étroit à l'hôtel du Maure. Notre suite s'est augmentée de dix personnes : pages, heiduques, nègres, etc., tout est dans le grand genre. Vous vous êtes plaint quelquefois de la dépense ; ah ! c'est bien autre chose à présent !

Nos rapports intérieurs sont à peu près toujours les mêmes, si ce n'est que le prince, qui n'est plus contenu par votre présence, est devenu encore plus froid et *monosyllabique* avec nous. Nous ne le voyons presque plus, hors les momens où il s'habille. Sous prétexte que nous parlons mal français, et point du tout italien, il a trouvé le moyen de nous exclure de la plupart de ses sociétés. Je m'en console aisément pour mon compte; mais dans le fait je crois qu'il a honte de nous. Ce sentiment de sa part m'afflige; parce qu'il est injuste; je ne sais pas où nous nous le sommes attiré.

De tous ses gens (puisque vous désirez des détails), il ne se sert presque plus que de Biondello; c'est celui, comme vous le savez, qui a remplacé son chasseur. Dans sa nouvelle manière de vivre, cet homme lui est devenu indispensable. Il connaît tout à Venise; il sait tirer parti de tout. Il a cent yeux, il a cent bras, dont il peut à chaque instant disposer. Ses moyens favoris sont, à ce qu'il assure, les gondoliers. Il est surtout utile au prince, en lui faisant connaître d'avance tous les nouveaux visages qu'il rencontre dans la société ; et le prince a toujours trouvé parfaitement justes les renseignemens qu'il en reçoit. D'ailleurs il parle et écrit l'italien et le français parfaitement ; aussi remplit-il l'office de secrétaire auprès de lui. Il faut que je vous cite un trait de la fidélité généreuse et désintéressée de ce bon serviteur ; vous le trouverez rare pour un homme de cet état. Un marchand considérable de Rimini demanda dernièrement à parler au prince ; il s'agissait d'une plainte sur Biondello, d'une nature bien singulière. Le procurateur, son dernier maître, homme religieux et singulier, avait vécu dans une inimitié irréconciliable avec ses parens, et avait voulu leur en faire sentir les effets même après sa mort. Biondello possédait entièrement sa confiance; il était le dépositaire de tous ses secrets. Le procurateur, à son lit de mort, lui fit promettre de ne révéler jamais rien à ses parens de ce qui pourrait être à leur avantage, et un legs très-considérable devait récompenser son silence. A l'ouverture du testament et à l'examen des papiers, il se trouva des lacunes et des choses embrouillées, que Biondello seul pouvait éclaircir. On vint à lui; il nia obstinément de rien savoir, et il aima mieux abandonner aux héritiers le legs que lui avait fait son vieux maître, que de violer ses secrets. Des offres considérables lui furent faites de la part des parens; elles ne purent le tenter; et pour échapper à leurs importunités et à leurs menaces, il crut devoir entrer au service du prince. Ce fut à celui-ci que s'adressa le marchand, qui était le principal héritier de la succession. Inutilement des offres plus grandes encore que les premières furent faites, si Biondello voulait parler; les instances mêmes du prince ne purent l'engager à les accepter. Il lui avoua cependant qu'en effet des secrets importans lui avaient été confiés; il convint même que le procurateur avait porté beaucoup trop loin sa haine contre sa famille. Mais, ajouta-t-il, c'était mon maître, mon bienfaiteur; il est mort plein de confiance en ma fidélité; j'étais l'unique ami qu'il laissât en ce monde : pourrais-je trahir son espoir ? Enfin, pour ôter au prince toute espérance de le gagner, il lui a laissé entrevoir que la mémoire de son maître souffrirait immanquablement de ce qu'il pourrait révéler. Ne trouvez-vous pas bien de la délicatesse, de la noblesse même dans cette conduite ? Vous concevez que le prince n'insista pas davantage pour lui faire rompre un silence qu'il approuvait, et que la rare fidélité que Biondello a su garder à son maître mort, lui a gagné entièrement la confiance de son maître vivant.

Adieu, cher et respectable ami ; soyez heureux autant que je le souhaite. Que je voudrais goûter encore cette vie tranquille que nous avons menée ici, et que vous saviez nous rendre si douce ! Mais ; je le crains , les meilleurs momens de notre séjour à Venise sont passés... Si du moins il n'en était pas ainsi pour le prince!... Il faudrait qu'une expérience de seize ans m'eût bien trompé, si l'élément dans lequel il vit se trouvait être celui de son bonheur !

LETTRE II.

LE BARON DE F***, AU COMTE D'O***.

18 mai.

Je n'aurais pas cru que notre séjour à Venise pût être bon à quelque chose; depuis qu'il a sauvé la vie à un homme, je me suis presque réconcilié avec lui.

Il y a quelques jours que le prince se faisait porter, assez avant dans la nuit, du Bucentaure chez lui; deux domestiques, du nombre desquels était Biondello, l'accompagnaient. Il arriva, je ne sais comment, que la chaise se brisa, et cet accident força le prince de faire le reste du chemin à pied. Biondello allait en avant; on passait dans des rues écartées et obscures; les lanternes, à l'approche du jour, ne donnaient presque plus de lumière. On marchait depuis plus d'un quart-d'heure, quand Biondello s'aperçut tout à coup qu'il avait manqué le chemin : la ressemblance de deux ponts l'avait trompé, et au lieu d'arriver, ainsi qu'il se le proposait, à la place Saint-Marc, il se trouve, à sa grande surprise, au sestiere del Castello. Le quartier était si reculé qu'on n'y rencontrait pas un être vivant. Pour s'orienter, il n'y avait d'autre parti à prendre que de revenir sur ses pas, et gagner un quartier plus connu. A peine eut-on fait quelques pas, que tout à coup des cris de meurtre se font entendre d'une rue voisine. Le prince, sans armes, arrache aussitôt un bâton des mains d'un de ses domestiques, et, avec le courage que vous lui connaissez, il s'avance vers le lieu d'où partaient les cris. Trois brigands allaient abattre sous leurs coups un homme qui, avec son compagnon, ne pouvait se défendre que faiblement. Le prince fut assez heureux pour prévenir le coup mortel. Ses cris et ceux de ses domestiques effrayèrent les assassins, qui, s'attendant peu à cette rencontre, à une heure et dans un endroit si reculé, prirent la fuite, après avoir porté à leur homme quelques coups de poignard d'une main mal assurée. Le blessé, fatigué par ses longs efforts et près de s'évanouir, se laissa tomber dans les bras du prince; et, tandis que celui-ci lui prodiguait ses soins, il apprit de son compagnon que la personne dont il sauvait la vie était le marquis de Civitella, neveu du cardinal A***i. Biondello pansa à la hâte les blessures du marquis, qui perdait beaucoup de sang; on le transporta au palais de son oncle, qui n'était pas fort éloigné. Le prince l'y accompagna; et après l'avoir remis à des mains sûres, il partit sans se faire connaître.

Trahi cependant par un domestique qui avait reconnu Biondello, il vit, le jour suivant, se présenter à lui le cardinal, l'une de ses connaissances du Bucentaure. La visite dura une heure; lorsqu'ils sortirent, le cardinal était très-ému, des larmes coulaient de ses yeux, et le prince lui-même paraissait touché. Dès le jour même un chirurgien avait visité les blessures du marquis, et son rapport avait été aussi favorable qu'il était permis de l'espérer : le manteau qui enveloppait le marquis avait détourné et affaibli les coups qui lui avaient été portés. Depuis cet événement, il ne se passa pas de jour où le prince ne reçût la visite du cardinal, ou ne lui en rendît; et la plus grande intimité ne tarda pas à s'établir entre eux.

Le cardinal est un respectable vieillard d'une figure imposante, et qui a conservé beaucoup de gaîté et de vigueur. Il passe pour un des plus riches prélats de la république; il jouit, dit-on, en jeune homme, de son immense fortune, et, quoiqu'il porte un esprit d'ordre et même d'économie dans ses affaires, il ne se refuse aucun plaisir. Son neveu est son unique héritier, mais ils ne sont pas toujours parfaitement bien ensemble. Quoique l'oncle ne soit pas d'une austérité effrayante, il ne peut cependant approuver la conduite de son neveu, qui est telle en effet qu'elle lasserait la tolérance du philosophe le plus indulgent. Ses mœurs, singulièrement corrompues, et ses principes aussi déréglés que ses mœurs, soutenus d'ailleurs par tout ce qui peut embellir le vice et flatter les sens, en font le fléau des pères et la terreur des maris. Sa dernière aventure était, à ce que l'on dit, la suite d'une intrigue amoureuse avec la femme de l'envoyé de***. Auparavant, il avait déjà eu une foule de mauvaises affaires, dont l'argent et le crédit du cardinal avaient à peine pu le tirer. Ce dernier est d'ailleurs l'homme le plus envié de l'Italie : rien de tout ce qui peut contribuer à rendre la vie agréable ne lui manque ; mais ce seul chagrin domestique corrompt pour lui tous les dons que la fortune lui a prodigués ; et la crainte continuelle où il vit de ne point laisser d'héritier, lui rend amère la jouissance même de tous les autres biens.

Je tiens tous ces détails de Biondello. C'est un véritable trésor pour le prince, que cet homme-là ; chaque jour nous le rend plus nécessaire, et découvre

découvre en lui de nouveaux talens. Dernièrement le prince était échauffé, il ne pouvait dormir : sa lampe de nuit s'était éteinte ; il avait beau sonner, son valet de chambre n'arrivait point; il passait la nuit chez une belle de l'opéra. Le prince se lève pour appeler ses gens ; mais à peine a-t-il fait quelques pas hors de sa chambre, qu'une musique fort agréable vient frapper son oreille : il avance du côté où elle se fait entendre, et il trouve Biondello jouant de la flûte dans sa chambre, entouré de ses camarades. Il ne veut en croire ni ses yeux ni ses oreilles, et lui ordonne de continuer. Celui-ci reprend le même adagio, et l'achève en mettant dans l'exécution une précision et une délicatesse qui auraient fait honneur à un virtuose. Le prince, qui, comme vous le savez, est connaisseur, assure qu'il ne serait pas déplacé dans la meilleure chapelle d'Italie.

Je ne puis garder cet homme, me dit-il le lendemain matin ; il m'est impossible de le payer selon ses talens. Biondello entendit ce mot en entrant, et prenant la parole : Si vous me renvoyez, dit-il, mon prince, vous me priverez de la plus belle récompense à laquelle je puisse aspirer. —

Tu es fait pour quelque chose de mieux, reprit son maître ; je ne puis me résoudre à être un obstacle à ton bonheur. —

Je ne veux d'autre bonheur que celui que je me suis choisi. —

Mais négliger un talent pareil!... En vérité, je n'y puis consentir. —

Permettez-moi donc, mon prince, de l'exercer quelquefois en votre présence. —

On prit sur-le-champ des arrangemens convenables pour cela. Biondello eut une chambre voisine de celle où couche son maître, et il peut de là l'endormir et le réveiller au son de son instrument. Le prince voulut aussi doubler son salaire. Biondello n'y consentit qu'avec peine, et après avoir obtenu qu'il pût laisser en dépôt chez le prince le supplément qu'il lui destinait, pour le retrouver au besoin.

Le prince s'attend maintenant à quelque demande de sa part, et quel qu'en soit l'objet, il est résolu à ne point le lui refuser.

Adieu, cher ami ; j'attends avec impatience des nouvelles de K***n.

LETTRE III.

LE BARON DE F***, AU COMTE D'O***.

4 juin.

Le marquis de Civitella, qui est aujourd'hui entièrement guéri de ses blessures, s'est fait présenter au prince, la semaine dernière, par son oncle, et depuis ce moment il ne le quitte pas plus que son ombre. Il faut que Biondello ne nous ait pas dit la vérité sur l'irrégularité de ses mœurs, ou qu'il ait du moins singulièrement chargé le tableau : son extérieur et son commerce sont également séduisans. Il est impossible d'avoir mauvaise opinion de lui ; et, je l'avoue, il a fait ma conquête dès le premier moment où je l'ai vu. Imaginez-vous une figure charmante, où se trouvent réunies la dignité et les grâces, un air ouvert et prévenant, une physionomie pleine d'ame et de génie, un son de voix pénétrant, une éloquence entraînante, tous les avantages enfin qu'une jeunesse brillante et l'éducation la mieux soignée peuvent donner. Il n'a rien de cet orgueil méprisant, ni de cette roideur solennelle qui nous paraissent si insupportables dans les autres *nobilissimi*. Tout est chez lui gaîté, bienveillance, chaleur de sentiment. Ce que l'on dit de ses débauches doit être excessivement exagéré ; je n'ai vu nulle part une plus belle image de la santé. Assurément, s'il était aussi corrompu que Biondello l'a représenté, ce serait une sirène, on ne saurait lui résister. Dès le premier moment, il fut très-ouvert avec moi; il convint avec une aimable ingénuité qu'il n'était pas fort bien dans l'esprit de son oncle, et qu'il pouvait l'avoir mérité; mais que, résolu de changer de conduite, il espérait avoir cette obligation au prince, ainsi que celle de le réconcilier avec son parent, sur l'esprit duquel il avait le plus grand pouvoir : il ajouta que jusqu'à ce moment il n'avait manqué que d'un guide sûr et d'un ami sincère, mais qu'il avait trouvé tous les deux dans le prince.

C'est effectivement le rôle que

joue ce dernier auprès du marquis ; il veille sur lui avec la sévérité d'un Mentor : mais cette relation même donne au jeune homme de certains droits qu'il sait fort bien faire valoir. Il est de toutes ses parties ; il ne le quitte plus. Son âge seulement lui ferme l'entrée du Bucentaure, et c'est un bonheur dont je crois qu'il doit s'applaudir. En général, partout où il rencontre le prince, il le séquestre de la société par la manière adroite dont il sait l'attirer à lui et le tenir occupé de lui. Personne jusqu'à présent n'a obtenu, dit-on, le moindre empire sur son esprit ; si le prince parvient à le gagner, il méritera une place honorable dans la légende. Mais s'il fallait tourner la médaille! si le guide ne se trouvait être que l'écolier de l'élève!... C'est à quoi cependant une personne qui suit de près leurs liaisons peut assez naturellement s'attendre.

Le prince de*** d*** est parti, à la très-grande satisfaction de nous tous, sans en excepter même le prince. Ce que j'avais prévu, mon cher O***, s'est complètement réalisé. Cette bonne intelligence ne pouvait pas durer entre des caractères si différens, qui devaient trouver dans des relations si intimes des occasions bien fréquentes de se heurter. Le prince de*** d*** n'eut pas été long-temps à Venise, qu'il fit naître un schisme dans la société de gens d'esprit où il s'était introduit, et que notre prince se vit au moment de perdre par ses bons offices la moitié de ses admirateurs. Partout où il se montrait, il rencontrait un concurrent jaloux de sa gloire, et celui-ci possédait la dose nécessaire de vanité et de confiance en lui-même pour tirer le plus grand parti de tous les petits avantages que le prince lui donnait sur lui. Comme d'ailleurs il était familier avec une foule de manœuvres trop au-dessous du prince pour qu'il ne dédaignât pas d'y recourir, les sots ne tardèrent pas à se ranger de son côté, et il se vit en très-peu de temps à la tête d'un parti digne de lui (1). Il aurait sans doute été

---

(1) Tous ceux qui ont l'avantage de connaître le prince de*** d***, et qui auront

plus raisonnable de ne point entrer en lice avec un tel adversaire, et quelques mois plutôt le prince aurait indubitablement pris ce parti : mais il était trop tard; le torrent où il s'était imprudemment jeté l'entraînait avec trop de rapidité pour qu'il pût espérer de regagner aisément le bord. Toutes ces misères avaient pris à ses yeux un degré d'importance qu'elles n'auraient point eu dans un autre temps, et son amour-propre répu-

---

été à même d'apprécier son esprit et ses connaissances, trouveront sans doute de l'exagération dans le jugement sévère qu'en porte ici le baron de F***, et qu'on ne peut attribuer qu'à la jeunesse et à la prévention du censeur.

*Note du comte d'O***.*

gnait à une retraite qui eût trop ressemblé à un aveu de sa défaite. Des propos inconsidérés des deux parts furent tenus et rapportés par des gens officieux qui ne craignaient que de ne les rendre point assez piquans. Les deux parties se prononcèrent, et bientôt éclata entre les chefs eux-mêmes le même esprit de rivalité et de jalousie qui animait leurs partisans. Dans le dessein de conserver ses conquêtes et de se maintenir au poste honorable que l'opinion publique lui avait assigné, le prince crut devoir redoubler d'efforts pour briller, obliger et plaire, et il ne vit pas d'autre moyen d'y parvenir que d'augmenter son train de dépense. Les présens, les fêtes, les concerts se succédèrent sans interruption ; l'on joua un jeu énorme ; et comme cette manie devait naturellement gagner la suite des princes, qui, des deux côtés, pour l'honneur du chef, ne voulait pas rester en arrière, il fallut que la libéralité du nôtre vînt bientôt au secours de la bonne volonté de ses gens. Tout cela a été la suite malheureuse et inévitable d'un premier instant de faiblesse...

Nous sommes, il est vrai, délivrés dans ce moment de notre rival ; mais le mal qu'il a fait ne se réparera pas aisément. La caisse du prince est épuisée ; il a dépensé en peu de temps le fruit d'une économie de plusieurs années. Il nous faut sortir incessamment de Venise, si nous ne voulons pas nous endetter ; ce que le prince a soigneusement évité jusqu'à présent : aussi n'attendons-nous pour partir que quelques remises que nous devons toucher au premier jour. Quant à moi, je me consolerais de toutes ces dépenses, si le prince du moins en avait retiré quelque satisfaction qui pût le dédommager ; mais non, jamais il ne fut moins heureux que dans ce moment. Il sent qu'il n'est plus ce qu'il était ; il se cherche lui-même ; et, mécontent de ne plus se trouver, il se jette, pour échapper à des réflexions qui l'obsèdent, dans de nouvelles dissipations qui tendent à lui en augmenter l'amertume. A chaque instant c'est quelque nouvelle connaissance qui vient ajouter de nouveaux piéges à ceux dont il est entouré. Je ne sais ce que deviendra tout ceci. Il faut partir; je ne vois pas d'autre salut pour nous : il faut partir, il faut quitter Venise.

Mais comment arrive-t-il, mon cher comte, que je ne reçoive pas une ligne de vous? Dites-moi comment je dois expliquer ce silence?

LETTRE IV.

LE BARON DE F***, AU COMTE D'O***.

12 juin.

Je vous remercie, mon bon ami, du témoignage de votre souvenir que j'ai reçu par le jeune Bo..tel. Mais de quelles lettres me parlez-vous? Je n'en ai reçu aucune, je vous jure; il faut qu'elles aient fait un bien long détour. A l'avenir, mon cher O***, écrivez-moi par Trente, et sous l'adresse du prince.

Nous avons enfin été obligés d'en venir à l'expédient auquel jusqu'à présent nous avions évité si soigneusement de recourir : les remises que nous attendions, et dont nous avions le plus pressant besoin, n'étant point arrivées, nous nous sommes vus dans la nécessité de traiter avec un usurier. Le prince a mieux aimé payer plus chèrement que laisser connaître ses besoins. Ce que je vois au reste de plus fâcheux dans l'embarras de nos finances, c'est qu'il retarde nécessairement notre départ.

A cette occasion, nous avons eu, le prince et moi, quelques explications. Toute l'affaire a été traitée par l'unique entremise de Biondello : le Juif était là, avant que j'en eusse le moindre soupçon. Lorsqu'il sortit, ma physionomie laissa voir sans doute au prince ce qui se passait dans mon ame. Je souffrais en effet de le voir réduit à cette fâcheuse extrémité ; le souvenir du passé et des craintes pour l'avenir oppressaient mon cœur. Le prince lui-même paraissait préoccupé ; l'opération qu'il venait de faire lui donnait sans doute de l'humeur ; il se promenait à grands pas dans la chambre : les rouleaux étaient encore sur la table ; nous gardions le silence, et, pour en remplir le vide, je m'occupais à compter, de l'embrasure où j'étais placé, les fenêtres de la procuratie qui se présentait devant moi...

F***, me dit-il enfin, je n'aime pas les visages tristes. —

Je me tus. —

Pourquoi ne répondez-vous pas? Ne vois-je pas que votre cœur est plein d'un mécontentement qui voudrait s'exhaler? Je veux que vous parliez; ne me cachez pas, je vous prie, les choses admirables que vous avez à me dire dans votre sagesse. —

Si j'ai l'air triste, mon prince, lui dis je, c'est l'effet de la même impression que je remarque sur vos traits.

Je sais, continua-t-il, que depuis long-temps vous n'approuvez pas ma conduite; je sais.... Que vous écrit le comte d'O***? —

Le comte d'O*** ne m'a point écrit. —

Non?... Pourquoi le nier? Vous vous faites des confidences mutuelles le comte et vous; je ne l'ignore point; ainsi, avouez-le moi.... Je ne cherche point au reste à pénétrer vos secrets. —

Le comte d'O*** n'a pas encore répondu à la première des trois lettres que je lui ai écrites depuis son départ. —

C'est impardonnable. Puis prenant en sa main un des rouleaux qui venaientde lui être remis : Voilà mon tort, continua-t-il; n'est-il pas vrai ? —

Je vois fort bien que cela était nécessaire. —

Mais je n'aurais pas dû me mettre dans cette nécessité? —

Je me tus. —

Sans doute; j'aurais dû ne jamais étendre la sphère de mes idées et de mes désirs; j'aurais dû arriver à l'âge de la vieillesse, de la manière dont je suis parvenu à celui de l'homme fait. On me blâmera d'être sorti un instant de la triste uniformité où ma vie jusqu'ici a été condamnée à languir; d'avoir regardé autour de moi, pour chercher quelque source de bonheur inconnue à l'homme vulgaire; d'avoir... —

Si c'est un essai, mon prince, je n'ai plus rien à dire; et quand vous auriez payé trois fois davantage l'expérience que vous avez acquise, elle ne serait pas trop chère encore. J'avoue que ce qui me faisait de la peine était d'imaginer que vous laissiez à l'opinion du monde à décider la question : comment vous devez être heureux. —

Félicitez-vous de pouvoir la mépriser cette opinion ! Je suis son ouvrage, il faut que je sois son esclave. Que sommes-nous autre chose qu'opinion ? Tout en nous est opinion : l'opinion est, dans l'enfance, notre mère nourricière, notre institutrice dans l'âge viril, et notre béquille dans la vieillesse. Otez-nous ce que l'opinion nous donne, et le dernier individu des classes inférieures, qui a la philosophie de son état, sera mieux partagé que nous. Un prince qui se moque de l'opinion se fait le même tort qu'un prêtre qui nierait l'existence du Dieu dont il sert les autels. —

Et cependant, mon prince.... —

Je sais ce que vous allez me dire; mais... si je puis sortir du cercle où ma naissance m'a placé, puis-je de même effacer de ma mémoire toutes les fausses notions que l'éducation y a imprimées? Puis-je rompre tout d'un coup avec des habitudes que je reçus, pour ainsi dire, avec la vie, et dont les discours et la conduite de tous les sots qui nous entourent n'ont cessé de multiplier les liens? Tout homme aime à être complètement ce qu'il est; et qu'est-ce que notre existence? Paraître heureux : nous ne pouvons pas l'être à notre manière; faut-il donc que nous ne le soyons point du tout? Nous ne pouvons puiser le bonheur à sa source première et véritable, et lorsque la main qui nous enlève des jouissances pures et réelles, nous en offre, comme par dédommagement, quelques-unes d'artificielles, nous sera-t-il interdit de les recevoir et de les goûter? — Jusqu'ici cependant vous aviez su trouver les premières dans votre cœur. —

Si je ne les y trouve plus! pourquoi m'en rappeler le souvenir? et si j'ai recours à ce tumulte des sens pour étouffer une voix intérieure qui fait le malheur de ma vie! si je cherche à échapper par-là à une raison importune, qui, semblable à une faux acérée, se promène çà et là dans mon cerveau, et coupe à chaque pas qu'elle fait quelque branche de mon bonheur! —

Cher prince!... (Il s'était levé précipitamment, et se promenait dans la chambre avec une extrême agitation.)

Lorsque

Lorsque tout ce que j'interroge devant et derrière moi reste dans le silence; que le passé ne m'offre, dans sa triste uniformité, qu'une longue suite d'êtres inanimés; que l'avenir, toujours couvert de ses voiles, semble craindre de me laisser deviner le moindre de ses secrets : quand je vois le cercle entier de mon existence renfermé dans l'espace étroit du moment présent... qui me blâmera d'embrasser ce maigre présent du temps avec les mêmes étreintes que j'embrasserais un ami qui s'éloignerait de moi pour jamais, et si je me hâte de jouir d'un bien si fugitif, comme l'octogénaire de sa tiare? Ah! je sais maintenant l'apprécier, ce moment qui ne revient plus; il est pour nous comme une tendre mère ; chérissons-le, comme celle-là est chérie de ses enfans. —

Mon prince... il fut un temps où vous connaissiez des avantages moins fugitifs !... —

Ah ! faites que ce château de nuages se fixe à ma vue ; avec quel empressement mes bras s'étendront encore vers lui ! Mais quel plaisir puis-je trouver à faire le bonheur d'apparitions qui demain doivent s'évanouir avec moi ? Tout se presse, tout s'enfuit autour de moi ; chacun pousse son voisin pour se hâter de boire quelques gouttes à la source de l'existence, et s'en va ensuite en les savourant. Dans ce moment même, où je jouis du sentiment agréable de mes forces, plus d'un être à venir a déjà sa place assignée sur ma destruction... Montrez-moi un seul de ces êtres qui dure, et je serai vertueux. —

Comment se sont perdus chez vous ces sentimens de bienfaisance qui, composant votre bonheur de celui des autres, furent si longtemps la règle de votre vie? Vous semiez alors dans l'espérance de recueillir, et vous vous honoriez de servir au grand tout, à l'ordre éternel des choses. —

Servir! oui..... comme la pierre la plus insignifiante sert à l'ordonnance du palais dont elle fait partie. Mais servir comme un être que l'on consulte, et qui a part à la jouissance, homme simple, quelle est ton erreur ! . . . . . . (1).

Ici nous fûmes interrompus par une visite qu'on annonça; et vrai-

---

(1) L'on me permettra de supprimer ici une suite de raisonnemens trop subtils pour que le plus grand nombre de mes lecteurs puisse en saisir le fil, et trop arides pour pouvoir intéresser les autres. C'est avec peine que l'on voit un prince, d'un caractère d'ailleurs si estimable, s'enfoncer dans le labyrinthe d'une obscure métaphysique, pour y chercher de quoi justifier ses erreurs. On me saura gré peut-être de ne l'avoir point suivi dans les sentiers rocailleux et les défilés glissans où sa manie le conduit. Ce que j'ai conservé de ses sophismes est la partie la plus saillante de cette longue et fastidieuse discussion; on pourra, par elle, se faire une idée du reste. Le baron de F*** y répond; mais trop faible raisonneur pour tenir tête à un adversaire si

ment il en était bien temps, direz-vous. Pardonnez-moi, mon cher comte d'O***, cette immense lettre. Vous m'avez demandé des détails sur tout ce qui concernait le prince ; j'ai cru devoir y comprendre sa philosophie morale. Je sais que l'état de son ame vous intéresse, et que sous ce point de vue aucune de ses actions ne peut vous être entièrement indifférente. Je vous parlerai, dans ma première

---

bien exercé, et que d'ailleurs il doit ménager, ses aveux, ses observations et ses réponses sont plus propres à affermir le prince dans le triste système qu'il défend, qu'à en dissiper l'illusion.

Note du Traducteur.

lettre, d'événemens auxquels vous ne devez pas sans doute vous attendre après un entretien de la nature de celui-ci. Adieu.

LETTRE V.

LE BARON DE F***, AU COMTE D'O***.

1er. juillet.

Comme nous approchons du moment de notre départ de Venise, nous avons destiné cette semaine à voir ce qu'il y a ici de plus remarquable en tableaux et en édifices; nous avons renvoyé cette tournée jusqu'au dernier moment, ainsi qu'il arrive souvent. Un des tableaux dont on nous avait parlé avec le plus d'éloges, était celui des Noces de Cana, par Paul Véronèse, dans un couvent de Bénédictins de l'ile de Saint-Georges. N'attendez pas de moi une description de ce chef-d'œuvre; je l'ai trop admiré pour pouvoir le décrire. Il aurait fallu au moins autant d'heures que nous y avons employé de minutes pour examiner dans tous ses détails une composition de cent vingt figures, et de plus de trente pieds de largeur. Quel œil humain pourrait embrasser tout l'ensemble d'un ouvrage aussi composé, et jouir à la fois de toutes les beautés que l'artiste y a prodiguées? Et un ouvrage de ce mérite, fait pour être exposé dans un édifice public où il pût être librement admiré de chacun, ne sert qu'à réjouir les yeux de quelques moines dans la salle d'un obscur réfectoire! L'église de ce couvent, qui est l'une des plus belles de la ville, mérite également l'attention de l'observateur.

Vers le soir nous nous fîmes conduire vers la Giudecca, pour y jouir, dans ses beaux jardins, de la plus délicieuse soirée. La compagnie, qui n'était pas nombreuse, se dispersa bientôt; et Civitella, qui avait cherché tout le jour l'occasion de me parler en particulier, me prit à part dans un bosquet.

Baron, me dit-il en y entrant, vous êtes l'ami du prince, et je sais de bonne part qu'il n'a rien de caché pour vous. En entrant aujourd'hui dans son hôtel, j'en ai vu sortir un homme dont le métier m'est connu, et en arrivant auprès du prince, j'ai observé quelques nuages sur son front. —

Je voulus l'interrompre. —

Ne me le niez pas, continua-t-il; j'ai parfaitement vu l'homme en question, et je le connais à ne m'y pas méprendre. Est-il donc possible que le prince, ayant à Venise des amis qui lui ont d'aussi grandes obligations, s'adresse de préférence à des hommes de l'espèce de celui que j'ai rencontré dans son hôtel?... Soyez vrai, baron; le prince est-il dans l'embarras? Ce serait en vain que vous chercheriez à me le cacher. Je l'apprendrai également de son homme, dont le secret ne résiste pas à l'attrait de l'argent. —

Monsieur le marquis.... —

Je dois vous paraître indiscret ; excusez-moi : si je l'étais, ce ne serait uniquement que pour n'avoir pas à me faire le reproche d'être ingrat. Je dois la vie au prince ; je lui dois plus, c'est de m'en avoir appris le véritable usage. Et je le verrais faire des démarches qui doivent lui coûter, parce qu'elles sont au-dessous de lui ! il serait en mon pouvoir de lui en épargner le désagrément, et je demeurerais tranquille !

Le prince n'est pas dans l'embarras, lui dis-je. Quelques remises d'argent que nous attendions par Trente nous ont manqué..... C'est sans doute l'effet de quelqu'accident... Peut-être aussi, dans l'incertitude où l'on est du moment de notre départ de Venise, attendait-on du prince des ordres plus précis... Voilà à quoi nous en sommes, et effectivement...

Le marquis secoua la tête : Ne vous méprenez pas sur mes intentions, me dit-il ; il n'est point ici question de m'acquitter des obligations infinies que j'ai au prince ; toutes les richesses de mon oncle seraient loin d'y suffire. Mon désir est seulement de lui épargner quelques minutes de désagrément. Mon oncle possède de grands biens ; ils sont à ma disposition exactement, comme à la sienne. Un heureux hasard me présente l'occasion d'être de quelqu'utilité au prince ; ne m'enviez pas, je vous prie, le plaisir que j'aurais à en profiter. Je sais, continua-t-il, ce qu'exige de lui sa délicatesse ; mais s'il a quelqu'égard pour la mienne, il sera assez généreux pour ne pas me refuser la satisfaction d'alléger un peu, par un si faible service, le poids des obligations dont il m'accable.

Il insista jusqu'à ce que je lui eusse promis de faire tout ce qui serait en mon pouvoir pour obtenir ce qu'il demandait. J'ajoutai cependant que j'espérais peu de mes efforts, d'après la connaissance que j'ai acquise du caractère du prince. Le marquis, pour les conditions, se soumettait exactement à tout ; mais il avouait qu'il ne verrait pas sans chagrin que le prince voulût traiter avec lui comme il traiterait avec un étranger.

Dans la chaleur de la conversation, nous nous étions écartés du reste de la compagnie, et nous allions la rejoindre lorsque nous fûmes rencontrés par Z***.

Je cherche le prince, nous dit-il; n'a-t-il point été avec vous? —

Nous allions rejoindre la compagnie, et nous comptions de l'y trouver. —

Il n'y est point, et nous ne savons ce qu'il est devenu.

Civitella imagina que peut-être il aurait eu l'idée de visiter l'église voisine dont il lui avait parlé avec éloge; nous nous mîmes en chemin pour l'y chercher. De loin nous aperçûmes Biondello qui l'attendait à l'une des portes; et nous n'étions pas éloignés de lui, lorsque, par une autre porte, nous vîmes le prince sortir avec précipitation de l'église. Son visage était enflammé : il cherchait des yeux Biondello, et l'ayant aperçu, il l'appela par son nom ; il lui dit quelques mots d'un air préoccupé, et sans détacher ses regards de la porte qui était restée ouverte. Biondello, ses ordres reçus, rentra en hâte dans l'église. Le prince, traversant la foule, passa assez près de nous sans nous apercevoir, et nous le trouvâmes avec la compagnie qu'il avait rejoint avant nous. On convint de souper dans un pavillon ouvert du jardin, où le marquis, sans nous en avoir prévenu, nous avait préparé un concert. Nous entendîmes avec un vrai ravissement une jeune chanteuse qui joignait à l'avantage d'une voix charmante une figure d'une beauté remarquable. Rien cependant ne paraissait faire impression sur le prince : il parlait peu, répondait avec distraction, et ses regards étaient presque toujours tournés vers le côté où Biondello, qu'il semblait attendre avec une vive impatience, devait se montrer à ses yeux. Civitella lui demanda comment il avait trouvé l'église ; il sut à peine que lui répondre. On parla des principaux tableaux qui y attirent les voyageurs ; il ne les avait point remarqués. Nous interrompîmes nos questions, voyant qu'elles le fatiguaient. Les heures s'écoulèrent, et Biondello ne revenait point. L'impatience du prince était alors montée à son comble : il se leva de table, et passa dans une allée voisine, où il se promenait à grands pas. Personne ne comprenait la raison d'une agitation si extraordinaire ; je n'osai me hasarder à lui en demander la cause : depuis long-temps j'ai vu disparaître la familiarité qui régnait auparavantentre nous. J'attendis donc le retour de Biondello avec une impatience d'autant plus grande, qu'il pouvait seul m'expliquer cette énigme.

Il ne revint qu'après dix heures, et les nouvelles qu'il rapporta ne rendirent pas le prince moins silencieux qu'avant son retour. Il rejoignit la compagnie avec un air d'humeur ; et après quelques momens de conversation, d'ennui et de silence, ayant demandé des gondoles, nous prîmes le chemin de l'hôtel.

De toute la soirée, je ne pus trouver l'occasion de parler à Biondello; je fus donc obligé de me coucher, sans avoir pu satisfaire mon impatiente curiosité. Le prince nous avait quitté de bonne heure. Mille pensées différentes qui me roulaient dans la tête me tinrent long-temps éveillé. Je l'entendais se promener dans sa chambre à coucher, qui était au-dessus de la mienne. Enfin le sommeil l'emporta: Il n'y avait pas long-temps que j'étais endormi, lorsqu'à demi réveillé par une voix qui s'était fait entendre, je sentis une main passer sur mon visage: en ouvrant les yeux, je vis le prince devant mon lit, une lumière à la main. Ne pouvant dormir, me dit-il, il me priait de lui sacrifier quelques momens de mon sommeil. Je voulus me lever ; il m'ordonna de rester, et il s'assit auprès de moi sur mon lit.

Aujourd'hui, me dit-il, il m'est arrivé une aventure dont l'impression ne s'effacera jamais de mon ame. Je vous avais quitté, comme vous le savez, pour aller voir l'église de*** dont Civitella m'avait parlé, et dont l'extérieur s'annonçait de loin de manière à exciter ma curiosité. Comme ni lui ni vous n'étiez dans ce moment à ma portée, je fis seul le peu de chemin qu'il me restait à faire pour y arriver. Biondello me suivait ; je lui dis de m'attendre à la porte. L'église était entièrement vide : une espèce de frisson me saisit en y entrant; c'était l'effet sans doute du passage d'une atmosphère chaude et très-éclairée à l'obscurité et à la fraîcheur de ce lieu. Je me vis seul sous une immense voûte, où régnait le silence solennel des tombeaux. Je me plaçai au milieu du dôme, et me livrai à tout l'effet de ces différentes impressions. Peu à peu les grandes proportions de cet édifice majestueux se développèrent à mes yeux : je ne saurais définir le sentiment de plaisir que me donnait cette contemplation. La cloche du soir se faisait entendre, et ses sons retentissaient doucement le long de ces voûtes comme dans mon ame. Quelques tableaux ayant attiré mon attention du côté de l'autel, je m'approchai pour les examiner : insensiblement j'avais parcouru tout un côté de l'église, et j'étais parvenu à l'extrémité opposée à la principale entrée. Ici, je montai quelques marches qui, tournant autour d'une colonne, conduisaient à une chapelle latérale, où se trouvent quelques petits autels et quelques statues de saints dans des niches. En me tournant à droite pour m'avancer dans la chapelle, j'entends tout près de moi un léger murmure, comme de quelqu'un qui parle à voix basse; je me tourne, et à deux pas de moi se présente tout à coup à mes regards une figure de femme... Mais cette figure!.... C'est en vain que je tenterais de vous la décrire. Un mouvement d'effroi m'avait saisi ; bientôt il fit place à la plus douce admiration. —

Et cette figure, mon prince, êtes-vous assuré que ce fût un être vivant? N'était-ce pas peut-être un simple tableau, ou encore une de ces illusions qu'une imagination vive peut enfanter? —

Ecoutez-moi, je vous prie ; c'était une femme... Non, jusqu'à ce moment je n'avais pas connu la beauté. Tout était obscur autour d'elle ; le jour, sur son déclin, n'entrait dans la chapelle que par une seule fenêtre. Les derniers rayons du soleil couchant n'éclairaient plus que cette figure. A genoux et presque couchée, elle était prosternée devant l'autel, avec une grâce touchante et réellement inexprimable. Le tout ensemble formait le contour le mieux dessiné, le plus heureux, la plus belle ligne de la nature. Son habillement de crêpe noir, après avoir embrassé le plus beau corps et les bras les mieux arrondis, dont il conservait exactement les formes, se déployait ensuite en larges plis autour d'elle comme une robe espagnole. Ses longs cheveux, d'un blond cendré, rassemblés en deux larges tresses qui s'étaient échappées par leur poids de dessous son voile, flottaient négligemment autour d'elle. L'une de ses mains était posée sur le crucifix; doucement penchée, elle s'appuyait sur l'autre. Mais où trouverai-je des termes pour peindre cette physionomie céleste, où la pureté d'un ange, qui paraissait là comme sur son trône, mêlait son charme irrésistible à celui de la beauté ? Le soleil, qui éclairait cette tête divine de ses rayons mourans, formait autour d'elle comme une gloire aérienne... Vous rappelez-vous de la Madona de votre Florentin ? Je l'ai retrouvée là tout entière, même jusqu'à ces légères irrégularités que nous y avons observées, et qui rendaient cette figure si séduisante. —

Voici l'histoire de cette Madone dont parlait le prince : Peu après votre départ, il fit la connaissance d'un peintre florentin qui avait été appelé à Venise pour peindre un un tableau d'autel, dans une église dont je ne me rappelle plus le nom. Il avait apporté avec lui trois tableaux, qu'il destinait à la galerie du prince Cornaro. C'était une Madone, une Héloïse et une Vénus presque nue, toutes trois de la plus grande beauté ; et quoique de genres si différens, d'un mérite si égal, qu'il était presque impossible de se décider à l'exclusion de l'une des trois. Le prince seul ne resta pas un seul instant indécis entre elles. A peine y eut-il jeté les yeux, que la Madone seule absorba toute son attention. Il admirait le génie du peintre dans les deux autres ; en voyant celle-ci, il oubliait l'art et l'artiste, tout occupé du chef-d'œuvre qu'il avait devant les yeux. Le peintre, qui au fond du cœur approuvait le jugement du prince, refusait obstinément de séparer ces trois morceaux, et demandait quinze cents sequins pour le tout. Le prince lui en offrit la moitié pour la seule Madone. Le peintre persista ; et je ne sais trop ce qui en serait résulté, si, sur ces entrefaites, il ne s'était présenté un acheteur plus hardi. Deux heures après, les trois tableaux étaient partis : nous ne les avons plus revus. C'était celui de la Madone que le prince me rappelait dans ce moment.

J'étais absorbé, continua-t-il, dans la contemplation de cette scène ; elle ne m'avait point aperçu, et sa dévotion l'absorbait tellement, que mon arrivée n'avait point paru l'en distraire. Son ame s'élevait vers son Dieu; la mienne ne pouvait s'occuper que d'elle. Je l'avoue, le sentiment que j'éprouvais en la voyant était une sorte d'adoration. Toutes ces figures de saints, ces cierges, ces autels qui se présentaient à mes regards; rien jusqu'à ce moment n'avait pu me rappeler la destination de ce lieu. Alors seulement je fus frappé de ce saisissement qu'on éprouve dans un sanctuaire. Vous l'avouerai-je enfin? dans ce moment je croyais fermement à celui sur lequel sa belle main se trouvait placée; je croyais voir la réponse du Christ dans ses yeux; sa touchante dévotion le rendait présent à ma pensée, et mon ame suivait la sienne dans les cieux.

Elle se leva; et ce fut alors que je revins à moi-même. Le bruit que je fis en me rangeant précipitamment de côté, me fit apercevoir d'elle. Le voisinage d'un inconnu pouvait la surprendre; ma hardiesse pouvait l'offenser : aucun de ces deux sentimens ne s'annonçait dans le regard qu'elle laissa tomber sur moi. Je n'y vis qu'une expression de paix profonde et de bonheur; l'agréable sourire de la bonté embellissait ses joues; elle venait du ciel, et j'étais l'heureux mortel qui s'offrait le premier à sa bienveillance. Les dernières paroles de sa prière étaient sur ses lèvres; elle n'avait point encore touché la terre.

Il se fit alors un mouvement dans un autre coin de la chapelle,

C'était une dame d'un certain âge, qui derrière moi se relevait d'un prie-dieu. Je ne l'avais pas aperçue jusqu'à ce moment; elle n'était qu'à quelques pas de moi, et pouvait avoir remarqué tous mes mouvemens. Cette idée me troubla; je baissai les yeux en terre, et pendant ce moment on passa rapidement auprès de moi.

Je fis ici quelques observations au prince pour le rassurer sur la crainte que cette dernière circonstance semblait lui donner.

Il est étrange, continua-t-il après quelques instans de silence, que l'on puisse vivre aussi entièrement dans un objet qui un moment auparavant n'existait pas pour nous, et dont nous n'aurions jamais senti l'absence. Comment un seul instant peut-il donc faire de l'homme deux êtres si différens ? Il me serait aussi impossible de revenir aux projets et aux plaisirs qui m'occupaient encore hier matin, que de retourner aux jeux de mon enfance. Depuis que je l'ai vue, depuis que son image habite ici, je ne connais qu'un seul sentiment ; il m'occupe tout entier, il absorbe toutes les pensées de mon ame. Non, c'en est fait, je ne pourrai jamais aimer qu'elle ; rien d'autre dans ce monde ne peut plus faire impression sur moi.

Songez cependant, mon prince, lui dis-je, dans quelle disposition d'esprit vous vous trouviez quand vous fûtes surpris par cette apparition, et combien toutes les circonstances qui l'ont précédée, en montant votre imagination, étaient propres à en préparer l'effet. Passant subitement d'un jour très-éclairé et du tumulte de la rue à l'obscurité silencieuse de cette église; livré, comme vous l'avez observé vous-même, à toutes les sensations que pouvaient produire chez vous la tranquillité profonde et la majesté de ce lieu; déjà disposé par l'admiration des chefs-d'œuvre qui vous y avaient frappé, à recevoir toutes les impressions de la beauté; vous croyant seul et vous trouvant tout à coup vis-à-vis d'une femme qui, eût-elle été moins belle, vous aurait également frappé en se présentant à vos regards sous le jour le plus favorable, dans une attitude heureuse, et avec l'expression d'une piété douce et fervente, quoi de plus naturel que votre imagination, subitement exaltée par l'effet de ces accessoires, se soit formé de la principale figure du tableau une perfection idéale à laquelle la réalité peut-être ne répond pas! —

L'imagination peut-elle donner ou rendre ce qu'elle n'a jamais reçu? Dans tout ce qui est soumis à son empire, y a-t-il rien qui puisse être placé à côté de cette image céleste? Elle est là, entière et vivante comme dans le moment où je la contemplais. Je ne possède que cette image, mais je ne la donnerais pas pour le monde entier. —

Mon prince, c'est de l'amour. —

Est-il donc nécessaire que ce qui

me rend heureux ait un nom ? L'amour ! ne ravalez pas le sentiment que j'éprouve par ce nom vulgaire, que mille ames faibles donnent à la passion qui les séduit. —

De quel nom l'appelleriez-vous ? —

L'être qui l'inspire n'existait point auparavant, et il est nouveau comme lui. Quel autre mortel éprouva ce que je sens ? L'amour ! non ; ce qu'on appelle amour n'est nullement à craindre pour moi. —

Vous avez envoyé Biondello sans doute pour suivre les traces de votre inconnue et prendre quelques renseignemens à son sujet : que vous a-t-il rapporté ? —

Biondello n'a rien découvert, rien du moins qui puisse me satisfaire. Il l'atteignit à la porte de l'église :

un homme d'un certain âge, décemment vêtu, et qui avait l'air d'un bourgeois de cette ville plutôt que d'un domestique, s'est trouvé là pour la conduire à sa gondole. Plusieurs mendians se sont présentés sur son passage ; ils l'ont quittée d'un air satisfait. J'ai vu à cette occasion, m'a dit Biondello, une main qu'ornaient des bagues de prix. Elle s'entretint un moment avec sa compagne, mais dans une langue que Biondello ne comprenait pas : il prétend que c'est en langue grecque. Comme il y avait un peu de chemin à faire pour arriver jusqu'au canal, il s'était fait une sorte de rassemblement de ce côté-là ; les passans s'arrêtaient pour la voir; personne cependant ne la connaissait. C'est un effet de l'empire qu'exerce partout la beauté : chacun se rangeait avec respect de côté pour lui faire place. Elle laissa tomber sur son visage un voile qui le couvrait à moitié, et elle entra dans sa gondole. Biondello la suivit des yeux tout le long du canal de la Giudecca ; la foule, qu'il ne pouvait percer, l'empêcha de la suivre plus loin. —

Mais le gondolier ne l'a-t-il pas du moins remarqué de manière à le reconnaître ? —

Il croit pouvoir parvenir à le retrouver ; ce n'est cependant aucun de ceux avec lesquels il s'est mis en relation. Les mendians, qu'il a questionnés, n'ont pu lui dire autre chose, sinon que depuis quelques semaines elle paraissait dans l'île tous les samedis soir, et qu'elle leur donnait régulièrement chaque fois une pièce d'or à partager entre eux. La dernière qu'ils en avaient reçue était un ducat hollandais, que Biondello leur changea pour me l'apporter. —

C'est donc une Grecque, à ce qu'il paraît, d'un rang distingué, et de plus bienfaisante et riche. En voilà assez pour une première fois, mon prince, peut-être trop; mais une Grecque! et dans une église catholique!... —

Pourquoi non? Elle peut avoir changé de religion.... Quoi qu'il en soit, j'avoue qu'il y a là-dedans quelque chose de mystérieux. Pourquoi une seule fois la semaine?

pourquoi régulièrement tous les samedis soir?... et dans cette église?... et dans un moment où, à ce que m'assure Biondello, il n'y a jamais personne? C'est ce que je saurai au plus tard samedi prochain : mais jusqu'alors, mon cher ami, aidez-moi à traverser rapidement cet espace immense de temps. Ah! c'est en vain..... les heures s'écoulent avec lenteur... et mon ame brûle.—

Mais, ce jour arrivé, que vous proposez-vous de faire, mon prince?—

Ce que je ferai! je la verrai, j'apprendrai sa demeure, je saurai qui elle est. Mais que m'importe, au reste? ce que j'ai vu d'elle me rendait heureux; je suis donc assuré d'être heureux en la revoyant.—

Et notre départ de Venise, qui est fixé au commencement du mois prochain ! —

Pouvais-je prévoir que Venise contiendrait un trésor d'un si grand prix pour moi ? Vous me parlez de ma vie d'hier ! je n'existe et ne veux exister que d'aujourd'hui.

Ici, je crus avoir trouvé l'occasion de tenir parole au marquis. Je fis comprendre au prince qu'un plus long séjour ne s'arrangerait pas trop avec l'épuisement de sa caisse et les faibles ressources que pouvait lui offrir sa cour. J'appris à cette occasion ce que j'avais toujours ignoré, que sa sœur, la princesse régnante de***, lui avait fait passer, à l'insu de ses autres frères, des sommes assez considérables, et qu'elle était disposée à lui en fournir de plus grandes dans le cas où la cour du prince le laisserait dans l'embarras. Cette sœur, dévote, comme vous le savez, jusqu'à l'exaltation, ne croit pas pouvoir employer plus convenablement les épargnes qu'elle fait dans l'une des cours les plus économes de l'Europe, qu'en les destinant à un frère dont elle connaît la bienfaisance, et qu'elle aime avec enthousiasme. Je n'ignorais pas, il est vrai, qu'il existait entre eux d'anciennes et d'étroites relations ; mais les dépenses du prince pouvant être tirées de sources connues, je n'en imaginais pas de cachées. Quel est l'emploi qu'il en fait, c'est ce que j'ignore parfaitement encore ; mais d'après la connaissance que j'ai acquise de son caractère, je ne puis douter qu'il ne soit de nature à lui faire honneur. Au reste, j'étais loin d'imaginer qu'il pût avoir pour moi de pareils secrets. Après cette découverte, je ne pouvais me dispenser de lui parler des offres du marquis : à mon grand étonnement, elles furent acceptées sans la moindre difficulté. Il me donna plein pouvoir de traiter avec lui de la manière que je jugerais la plus convenable, et de rembourser immédiatement l'usurier ; quant à lui, il se proposait d'écrire encore au premier moment à sa sœur,

Le matin était arrivé quand nous nous séparâmes. Quelque fâcheux que cet événement soit pour moi, sous plus d'un rapport, ce que j'y vois de plus désagréable est la prolongation de notre séjour à Venise. J'attends au reste de cette nouvelle passion un bon effet plutôt qu'un mauvais ; peut-être arrachera-t-elle le prince à ses rêves métaphysiques, pour le ramener au train ordinaire de l'humanité. Elle aura sans doute sa crise, et pourra bien produire l'effet d'une maladie procurée par l'art, et dont la guérison doit entraîner celle d'une maladie plus dangereuse et plus ancienne.

Portez - vous bien, mon cher comte ; je vous ai écrit tout ceci pendant que j'en avais la mémoire fraîche. La poste va partir ; vous recevrez cette lettre en même temps que la précédente.

LETTRE VI.

LE BARON DE F***, AU COMTE D'O***.

20 juin.

Ce Civitella est tout ce qu'il y a de plus officieux au monde. A peine le prince m'avait-il quitté, que je reçus un billet du marquis, qui me recommandait son affaire de la manière la plus pressante. Sur-le-champ je lui envoyai, au nom du prince, une reconnaissance de six mille sequins. Une demi-heure après, il me la renvoya avec le double de cette valeur en argent et en papier. Le prince vit avec peine cette augmentation de la somme;

il consentit cependant à la garder, sous la condition que le marquis recevrait en retour une nouvelle reconnaissance payable dans six semaines.

Toute celle-ci s'est passée en recherches au sujet de la mystérieuse Grecque : Biondello a mis en mouvement toutes ses machines, et jusqu'à présent sans succès. Il a trouvé, il est vrai, le gondolier dont il espérait quelque lumière ; mais tout ce qu'il en a pu tirer, c'est qu'il a conduit les deux dames dans l'île de Murano, où elles sont entrées dans deux chaises à porteur qui les attendaient sur le port. Il les a cru anglaises, parce qu'elles parlaient une langue étrangère, et qu'elles l'ont payé en or. Il ne connaît pas mieux leur conducteur; il le croit cependant un fabricant de miroirs de Murano. Nous savons du moins qu'il ne faut pas la chercher dans la Giudecca, et que vraisemblablement elle habite l'île où notre gondolier l'a débarquée. Ce qu'il y a de plus embarrassant dans tout cela, c'est que la désignation qu'en donne le prince ne peut absolument point servir pour la faire reconnaître d'un tiers. L'attention passionnée avec laquelle il l'a contemplée est précisément ce qui l'a empêché de la voir. D'après le portrait qu'il en fait, on serait plutôt tenté de la chercher dans le Tasse ou dans Pétrarque, que dans l'île de Murano. Nous sommes obligés d'ailleurs de mettre la plus grande circonspection dans nos recherches, soit pour ménager les dames, soit pour ne pas donner à cette affaire un éclat qui pourrait avoir ses dangers. Comme Biondello, qui l'a vue au travers de son voile, est, avec le prince, le seul qui puisse la reconnaître, il l'a cherchée dans tous les lieux où il pouvait avoir quelque espérance de la rencontrer. La vie de ce pauvre garçon n'a été, pendant toute la semaine, qu'une course continuelle dans toutes les rues de Venise. L'église grecque surtout a été aussi soigneusement qu'infructueusement visitée. Le prince, dont chaque moment d'attente trompée redouble encore d'impatience, a dû se résoudre enfin à attendre le premier samedi;

son inquiétude était extrême ; aucun amusement n'a pu le distraire, aucun objet n'a pu le fixer : dans la fièvre dont il paraît continuellement agité, toute société lui est importune, et la solitude le rend plus malheureux encore. Jamais cependant il ne fut plus accablé de visites que dans cette semaine : son départ prochain était annoncé ; on venait en foule le voir. Il fallait occuper tous ces gens-là pour écarter des observations, et l'occuper lui-même pour chercher les moyens de le distraire. Dans cet embarras, Civitella imagina de jouer, et de jouer gros jeu, pour éloigner la foule importune ; il espérait d'ailleurs qu'en réveillant chez le prince un goût momentané, on parviendrait aisément à écarter de son esprit; les idées romanesques qui venaient de s'en emparer. Les cartes, me disait Civitella, m'ont souvent arrêté quand j'étais sur le point de faire quelque grande sottise; d'autresfois elles m'ont empêché de les achever quand elles étaient déjà commencées. J'ai quelquefois retrouvé à une table de pharaon le repos et la raison que deux beaux yeux m'avaient fait perdre, et jamais les femmes n'avaient plus d'empire sur moi que lorsque je n'avais plus d'argent pour jouer. J'ignore jusqu'à quel point Civitella pouvait avoir raison; ce que je sais, c'est que le remède qu'il avait indiqué devint, en peu de temps, aussi dangereux pour nous que le mal. Le prince, pour qui le plus gros jeu pouvait seul avoir quelque attrait, s'y livra bientôt avec fureur; sa tête était montée, et tout ce qu'il faisait prenait un caractère de passion, qui se ressentait de la fièvre d'impatience et d'inquiétude dont il était sans cesse travaillé. Vous connaissez son indifférence pour l'argent; elle était devenue insensibilité complète : les pièces d'or passaient comme des gouttes d'eau entre ses doigts; il perdait constamment, et il perdait des sommes énormes, parce qu'il jouait sans aucune attention, et en joueur désespéré... Mon cher O***, en moins de quatre jours les douze mille sequins, et quelque chose même de plus, étaient passés en d'autres mains.

Epargnez-moi des reproches, que d'abord je me suis fait moi-même. Mais était-il en mon pouvoir d'empêcher de si grandes pertes ? Le prince m'écoutait-il ? Que pouvait la faible voix de la représentation contre celle de la passion violente qui l'entraînait ? Non, au fond, j'ai fait ce que j'ai dû faire, et, je vous le jure, mon cœur ne me reproche rien.

Civitella lui-même a perdu considérablement ; pour moi, j'ai gagné environ six cents sequins. Le malheur soutenu du prince a fait du bruit ; ce sera une raison pour ne pas quitter sitôt le jeu. Civitella, heureux de trouver des occasions de l'obliger, lui a prêté encore une somme égale à celle qu'il vient de perdre. Le vide est rempli ; mais le prince, par cette opération, se trouve maintenant devoir au marquis vingt-quatre mille sequins. Qu'il me tarde de voir arriver le fruit des épargnes de la bonne sœur! Tous les princes, mon cher, se ressemblent-ils? On dirait aux manières du nôtre qu'il croit faire le plus grand honneur au marquis en acceptant ses offres obligeantes; et celui-ci... joue du moins parfaitement son rôle.

Civitella cherche à me tranquilliser, en me présentant cette suite d'excès et de malheurs où tombe le prince comme un moyen infaillible de le rappeler à la raison. Quant à l'argent, il ne faut pas, dit-il, s'en inquiéter ; il s'aperçoit à peine de ce vide, et si cela était nécessaire, il en fournirait au prince quatre fois autant. Le cardinal lui-même, en approuvant les procédés de son neveu, m'a assuré de la sincérité de ses offres, et de la facilité qu'il trouverait auprès de lui à les remplir.

Ce dont je ne me console pas aisément, c'est que ces énormes sacrifices n'aient pas même atteint leur objet. Ni le jeu excessif qu'il jouait, ni les pertes qu'il a essuyées, n'ont pu distraire le prince, un seul moment peut-être, de sa passion; elle concentre toutes ses pensées, et loin de s'affaiblir, les revers qu'il éprouve semblent lui donner un nouveau degré de force. Quelquefois, au moment d'un coup décisif, lorsque, dans l'attente de l'événement, on s'empressait autour de lui, il cherchait des yeux Biondello, impatient de deviner dans ses regards les nouvelles dont il était porteur. Biondello n'apportait rien, et la somme était perdue.

Cet argent, au reste, est passé dans des mains qui en avaient le plus grand besoin. Quelques excellences qui, disait-on, allaient elles-mêmes au marché, en bonnet de sénateur, chercher un frugal dîner, entraient chez le prince comme des mendians, et en sortaient quelquefois à leur aise. Voyez, me disait Civitella en me les faisant remarquer, combien de pauvres gens trouvent leur compte aux sottises d'un homme d'esprit ! J'aime cette manière d'avoir une absence; elle est digne d'un prince : un grand homme doit faire des heureux, même dans ses écarts ; c'est un torrent qui, en se débordant, fertilise de vastes campagnes.

Civitella pense noblement. Mais, en attendant, le prince lui doit vingt-quatre mille sequins.

Il arriva enfin le samedi tant désiré. Midi sonné, rien ne put empêcher le prince de se rendre dans l'église de***, où déjà tant de fois il s'était transporté par la pensée. Il prit son poste dans la chapelle où il avait trouvé l'inconnue, et s'y plaça de manière à n'être pas d'abord aperçu. Biondello avait ordre de faire sentinelle à la porte de l'église, et d'y lier, s'il le pouvait, connaissance avec l'homme dont les dames seraient accompagnées. Je devais, à leur retour, prendre place, comme passager, dans leur gondole, et, au cas que d'autres mesures n'eussent pas réussi, m'attacher à suivre leurs traces. Deux chaises à porteur furent arrêtées dans l'endroit où la gondole avait abordé la première fois. Enfin le chambellan Z***, pour plus grande précaution, devait suivre dans une gondole particulière. Le prince avait son poste à l'église; c'est là qu'il devait tenter sa fortune. La réputation de Civitella étant trop mauvaise à Venise parmi les femmes, on jugea qu'il ne devait point paraître, pour ne pas effaroucher les dames. Vous voyez, mon cher comte, que nous avions fait les plus sages dispositions pour que la belle inconnue ne pût échapper à nos filets.

Jamais peut-être il ne fut fait dans aucune église des vœux plus ardens que dans celle-ci; et jamais ils n'y furent plus cruellement trompés. Pendant sept heures entières le prince fut immobile à son poste, tremblant à chaque mouvement de la porte, tressaillant à chaque bruit qui s'approchait de la chapelle : point de Grecque. Je ne vous dirai rien des dispositions de son ame : vous savez ce que c'est qu'une espérance trompée, et une espérance dont on a presque uniquement vécu pendant sept jours et sept nuits.

LETTRE VII.

LE BARON DE F***, AU COMTE D'O***.

Août.

Non, mon cher ami; vous faites tort à Biondello : vos soupçons ne me paraissent pas fondés; ce jeune Italien assurément est honnête.

Vous trouvez étrange, dites-vous, qu'un homme qui joint des talens aussi distingués à une conduite exemplaire, s'abaisse au rôle subalterne de domestique, s'il n'a pas quelques raisons secrètes de s'en charger; et les siennes vous sont suspectes. Comment! serait-il donc sans exemple qu'un homme qui a du mérite et des talens cherchât à se rendre agréable à un prince qui peut être dans le cas de faire sa fortune? Quel déshonneur y aurait-il pour lui à le servir ? Toute la conduite de Biondello ne montre-t-elle pas assez clairement que c'est à la personne du prince qu'il est attaché? Il lui a même avoué d'ailleurs qu'il avait une prière à lui faire; cette prière nous donnera la clef de sa conduite. Il peut avoir des vues sans doute; mais je serais l'homme du monde le plus trompé, si ces vues n'étaient pas innocentes.

Vous paraissez surpris que Biondello, pendant les premiers mois de son service, ait tenu cachés les grands talens qu'il a développés dans la suite, et qu'il n'ait rien fait, pendant que vous étiez encore avec nous, qui fût propre à fixer sur lui l'attention. Votre observation me semble juste ; mais quelle occasion avait-il alors de se distinguer? Le prince n'avait pas eu besoin de ses talens ; le hasard seul nous les a fait connaître.

Dernièrement encore, il nous a donné de son dévouement une preuve qui vous paraîtra décisive. On observe le prince ; on cherche à se procurer des renseignemens sur sa manière de vivre, sur ses connaissances et ses relations. Je ne sais ce qui peut exciter cette curiosité ; mais voici ce qui est arrivé.

Il y a dans un quartier de cette ville une maison publique où Biondello se rend fréquemment ; je ne sais quel est l'intérêt qui l'y attire ; j'imagine qu'il y a quelqu'affaire de cœur. Il y trouva, il y a quelques jours, une compagnie composée d'avocats, d'officiers du gouvernement, tous gens de bonne humeur, et ses anciennes connaissances. On s'étonne, on se réjouit de le revoir. La connaissance renouvelée, chacun raconte son histoire. Biondello donne aussi la sienne, et il le fait en peu de mots. On le félicite de son dernier établissement, qui semble lui promettre de grands avantages. On a entendu parler de la somptuosité de la maison du prince, et de la générosité avec laquelle il récompense ceux qui le servent avec discrétion. Ses relations avec le cardinal d'A***i sont également connues ; il aime le jeu, etc. Biondello s'étonne ; on le plaisante sur son air de mystère, car on sait qu'il est son confident. Deux avocats s'emparent de lui ; on vide une bouteille, ensuite une autre ; on l'oblige à boire ; il s'en défend, sous prétexte que le vin l'incommode : il boit cependant, et il a l'air de s'être enivré.

Oui, dit enfin l'un des avocats, Biondello sait son métier ; mais il ne le possède cependant pas à fond.

Que me manque-t-il encore ? demande Biondello. —

Il connaît l'art de garder un secret ; mais il ignore celui de s'en défaire avec avantage. —

Se trouverait-il un acheteur ? dit Biondello.

Les autres convives sortirent alors de la chambre; et les deux avocats, se trouvant seuls avec lui, commencèrent à lui parler plus clairement. Ils lui demandèrent des détails sur les relations du prince avec le cardinal et son neveu, sur les sources d'où le prince tirait son argent; ils lui proposèrent enfin de faire passer entre leurs mains les lettres que l'on écrirait au comte d'O***. Biondello les renvoya à une autre fois. Il ne négligea rien pour découvrir qui les avait mis en œuvre; mais tous ses efforts furent inutiles. A en juger par les offres brillantes qui lui furent faites, la personne qui les employait doit être d'une grande richesse.

Hier au soir, Biondello fit part de tous ces détails à son maître. Celui-ci, dans son indignation, voulut faire arrêter aussitôt les négociateurs. Biondello lui fit là-dessus plusieurs objections : on serait, disait-il, bientôt obligé de les relâcher, et sa vie alors était en danger. Tous les gens de cette espèce, ces vils intrigans se soutiennent les uns les autres ; et il vaudrait mieux se mettre à dos tout le grand conseil de Venise, que d'avoir parmi eux la réputation d'un traître. D'ailleurs il perdrait tous ses moyens d'être utile au prince, en renonçant à la confiance dont il jouit dans cette classe d'hommes.

Nous avons fait différentes conjectures pour débrouiller ce mystère. Qui peut avoir à Venise quelqu'intérêt à savoir ce que le prince reçoit et dépense; quelles sont ses relations avec le cardinal, et ce qui fait le sujet de la correspondance que nous soutenons ensemble? Serait-ce le prince de*** d*** ? ou peut-être l'Arménien recommencerait-il à remuer?

LETTRE VIII.

LE BARON DE F***, AU COMTE D'O***.

Août.

Le prince nage dans l'enchantement et dans l'ivresse du bonheur : il a retrouvé la Grecque. Écoutez ce qui s'est passé.

Un étranger qui arrivait de Chiozza, et qui nous avait beaucoup parlé de la beauté de la situation de cette ville sur le golfe, avait inspiré au prince la curiosité de la voir. On en forma le projet, et hier fut le jour fixé pour son exécution. Le prince, pour éviter tout embarras, voulut faire ce voyage incognito; il ne prit que Z*** et moi, avec Biondello, pour l'accompagner. Ayant trouvé un bâtiment qui levait l'ancre pour s'y rendre, nous y montâmes ; la compagnie était très-mêlée, et la traversée ne nous offrit rien de bien remarquable.

Chiozza est bâtie sur pilotis, comme Venise; elle contient environ quarante mille habitans. On y trouve peu de noblesse ; mais en revanche on n'y fait pas un pas sans rencontrer des pêcheurs et des matelots. Tout homme qui porte une perruque et un manteau y passe pour riche; la capote et le bonnet sont le costume des pauvres. La situation de la ville est, comme on nous l'avait dit, du plus bel effet; elle frappera tout voyageur qui ne connaîtra pas celle de Venise.

Nous n'y séjournâmes pas longtemps. Le patron, qui avait plusieurs passagers à ramener à Venise, devait y être de retour de bonne heure, et rien ne retenait le prince à Chiozza. Tout le monde avait déjà pris sa place dans le bâtiment quand nous y entrâmes. Nous demandâmes une chambre pour être moins gênés que nous ne l'avions été le matin. Le prince s'informa qui il y avait encore sur la barque. On lui répondit : un Dominicain et quelques dames qui retournent à Venise. Il n'eut pas la curiosité de les voir, et nous nous arrangeâmes dans la chambre qui nous était destinée.

La Grecque avait été le sujet principal de notre conversation en allant à Chiozza ; il en fut de même pour le retour. Le prince raconta avec chaleur la scène de l'église ; on forma des plans, et on les rejeta tour à tour. Le temps s'écoula si rapidement, qu'avant que nous nous en fussions aperçus, Venise était déjà devant nous. Quelques passagers descendirent ; le Dominicain était de ce nombre. Le patron vint ensuite demander aux dames, dont nous n'étions séparés, comme nous le sûmes alors, que par une mince cloison, où elles désiraient d'aborder. —A l'île de Murano, répondit l'une d'entre elles, en indiquant le lieu de leur demeure. — *L'île de Murano!* s'écria le prince ; et un pressentiment secret saisit et pénétra son ame. Je me préparais à lui répondre, lorsque Biondello entrant dans la chambre avec précipitation : Savez-vous avec qui nous sommes ? dit-il.—Le prince tressaillit. Elle est ici ? — Elle-même, répondit-il ; je viens de voir l'homme qui l'accompagne.

Le prince sortit. La chambre était trop étroite pour le contenir ; le monde entier l'aurait été dans ce moment. Mille sentimens divers vinrent tout à coup l'assaillir ; ses genoux tremblaient ; la rougeur et la pâleur se succédaient subitement sur son visage. Je tremblais d'attente, de crainte, d'impatience, presqu'autant que lui. C'est un état que je n'essaierai pas de vous décrire. On aborde à Murano. Le prince s'élance à terre. Elle vient. Je lus dans les yeux du prince que c'était elle; et dès que je l'eus aperçue, je n'en doutai plus. De ma vie je n'ai vu une si belle figure : il faut que j'en convienne, les descriptions du prince étaient restées fort au-dessous de la vérité. Une vive rougeur colora son visage au moment où elle aperçut le prince. Elle avait dû entendre toute notre conversation, et il était impossible qu'elle ignorât quel en avait été le sujet. Un regard significatif qu'elle jeta dans cet instant à sa compagne, sembla lui dire : *C'est bien lui!* et aussitôt elle baissa les yeux. Une planche assez étroite avait été placée pour descendre du bâtiment sur le rivage; elle y mit le pied avec une inquiétude qui me parut moins provenir de la crainte de glisser que de l'obligation où elle se trouvait de recourir au secours d'un étranger. La nécessité cependant l'emporta sur le scrupule ; elle prit la main que lui tendait le prince, et se hâta de quitter la barque. Le trouble où se trouvait son conducteur lui fit commettre une impolitesse qui ne lui était pas ordinaire : il oublia que l'autre dame attendait de lui le même service. Que n'aurait-il pas oublié dans cet instant ! Je réparai sa faute, et cette circonstance me fit perdre le commencement de la conversation qui s'établit entre eux.

Il tenait encore sa main dans la sienne, par distraction, je pense, et sans s'en douter.

Ce n'est pas la première fois, signora, que... que... Il ne pouvait pas achever.—

Je crois me rappeler.... dit-elle très-bas.

Dans l'église de***, dit-il.

Oui, c'était dans l'église de***, reprit-elle.

Aurais-je pu m'attendre aujourd'hui... d'être si près de vous?—

Ici elle retira doucement sa main de la sienne. Le trouble du prince augmentant visiblement, Biondello, qui pendant ce temps là s'était entretenu avec les domestiques, interrompit à propos cette étrange conversation.

Signor, dit-il, les dames avaient donné ordre à leurs porteurs de se trouver ici; mais nous sommes arrivés

rivés plutôt qu'ils ne devaient s'y attendre. Il y a dans le voisinage un jardin où elles pourraient entrer pour éviter la foule.

La proposition est acceptée, et vous pouvez juger avec quel empressement de la part du prince. On resta dans le jardin jusqu'au soir. Nous réussîmes, Z*** et moi, à occuper la matrône, pour que le prince pût s'entretenir plus librement avec la jeune dame. Sans doute il n'a pas perdu son temps auprès d'elle, puisqu'elle a consenti à recevoir ses visites. Il est chez elle au moment où je vous écris; à son retour j'en saurai vraisemblablement davantage.

En rentrant hier au soir à la maison, nous trouvâmes enfin les lettres de change de notre cour, que nous avons si long-temps attendues; mais elles étaient accompagnées d'une lettre qui a mis le prince en fureur. On le rappelle, et cela avec un ton auquel il n'est pas accoutumé, et qui ne réussira pas avec lui. Il a répondu sur-le-champ, et il reste. L'argent qu'on lui envoie suffira pour payer les intérêts des sommes qu'il a empruntées. Nous attendons avec impatience une lettre de sa sœur.

LETTRE IX.

LE BARON DE F***, AU COMTE D'O***.

Septembre.

Le prince est décidément brouillé avec sa cour; nous sommes sans ressource de ce côté-là.

Les six semaines fixées pour le paiement du marquis étaient écoulées depuis quelques jours, et le prince ne recevait aucune remise de son cousin, quoiqu'il lui eût demandé de l'argent avec instance. Sa sœur même paraissait l'avoir oublié. Civitella ne demandait rien; mais il en était d'autant mieux servi par la mémoire de son débiteur qui lui tenait un compte infini de sa discrétion. Hier à midi, il reçut enfin une réponse de sa cour. Nous avions renouvelé depuis peu le bail pour notre hôtel, et le prince avait annoncé en vingt occasions que son départ était renvoyé. Sans me dire un mot, il me donna la lettre. Ses yeux étincelaient; j'en lisais d'avance le contenu sur son visage. L'imagineriez-vous, mon cher O*** ! On est instruit à*** de toutes les circonstances du séjour du prince dans cette ville, et la calomnie s'en est emparé pour ourdir sur ce fond un odieux tissu d'impostures.

On a appris, est-il dit dans cette étonnante lettre, que depuis quelque temps le prince, renonçant au caractère qu'on lui connaissait, avait adopté un genre de vie diamétralement opposé aux nobles sentimens qu'il avait annoncés jusqu'alors. On savait qu'il s'abandonnait au goût des femmes et à celui du jeu d'une manière également scandaleuse; qu'il prêtait l'oreille à des visionnaires qui prétendent évoquer les esprits; qu'il entretenait des relations suspectes avec des prêtres catholiques, et qu'il avait un état de maison qui surpassait de beaucoup les revenus attachés à son rang. On disait de plus qu'il était sur le point de mettre le comble à ses égaremens, en passant à l'église romaine. On exigeait de lui que, pour se justifier de cette dernière inculpation, il revînt à*** sans aucun retard. Un banquier de

Venise, auquel il devait donner l'état de ses dettes, avait ordre de les acquitter. On ne jugeait pas convenable, dans les circonstances où il se trouvait, de laisser à sa disposition les sommes destinées à satisfaire ses créanciers. —

Quelles inculpations, et de quel ton elles étaient faites! Je repris cette lettre; je la relus encore une fois, dans l'intention d'y chercher ce qui pouvait en adoucir ou en excuser la sévérité; je n'y trouvai rien : elle me paraissait inconcevable.

Z*** me rappela alors les questions mystérieuses qui avaient été faites à Biondello. Le temps, la nature des faits; tout se rapportait assez exactement. Nous avions accusé l'Arménien d'en être l'auteur; nous nous trompions; on voyait clairement à présent la source d'où elles étaient parties. Apostasie!... Mais qui peut avoir intérêt à calomnier mon maître d'une manière à la fois si atroce et si plate? Je crains que ce ne soit un tour du prince de*** qui veut, à tout prix, éloigner le nôtre de Venise.

Il gardait encore le silence, et regardait fixement devant lui. Son état m'inquiétait; je me jetai à ses pieds: Au nom de Dieu, cher prince, lui dis-je, gardez-vous de prendre dans ce moment quelque détermination violente. Vous devez avoir, et vous aurez, n'en doutez point, la satisfaction la plus complète. Abandonnez-moi le soin de cette affaire; permettez-moi de partir pour notre capitale. Il est au-dessous de votre dignité de répondre vous-même à de semblables accusations; mais souffrez que je le fasse pour vous. Le calomniateur doit être connu : il importe d'éclaircir les faits...

Ce fut dans cette situation que Civitella nous trouva. Il s'informa avec intérêt de la cause de notre agitation. Z*** et moi, nous nous taisions; mais le prince, déjà accoutumé depuis long-temps à ne mettre aucune différence entre lui et nous, trop ému sans doute encore pour consulter, dans cette occasion, les règles de la prudence, nous ordonna de lui communiquer la lettre. J'avais de la peine à obéir:

le prince me l'arracha des mains et la lui donna.

Je suis votre débiteur, monsieur le marquis, lui dit le prince, après qu'il eut achevé de lire la lettre ; mais soyez sans inquiétude : accordez-moi seulement un délai de vingt - jours, et vous serez satisfait.

Mon prince, s'écria Civitella avec vivacité, comment ai-je pu mériter ce traitement de votre part ? —

Vous n'avez point voulu me presser ; je reconnais votre délicatesse, et je vous en remercie. Dans vingt jours, comme je vous l'ai dit, vous serez satisfait. —

Que signifie tout cela ? me demanda Civitella d'un air troublé ;

quelle en est la liaison ? Je n'y comprends exactement rien...

Nous lui expliquâmes ce que nous savions. Il était hors de lui-même. Le prince, disait-il, doit avoir satisfaction ; l'injure est vraiment sans exemple. Ensuite il supplia le prince d'user, sans ménagement comme sans scrupule, de sa fortune et de son crédit.

Le marquis nous avait quittés, et le prince n'avait pas encore ouvert la bouche. Il se promenait dans sa chambre à grands pas, et paraissait tout occupé de quelque chose d'extraordinaire. Enfin il s'arrêta, et murmurant entre ses dents : *Félicitez-vous*, disait-il, *c'est à neuf heures qu'il est mort.*

Nous le regardions d'un air effrayé.

Félicitez-vous, continua-t-il ; je dois me féliciter. N'est-ce pas ainsi qu'il a dit ? Que croyez-vous qu'il entendît par-là ? —

Comment arrive-t-il que ces mots vous reviennent dans ce moment à l'esprit, mon prince ? quel rapport ?... —

Je ne comprenais pas alors ce que cet homme voulait dire ; à présent je crois le comprendre. —

Cher prince !

Avoir la puissance de faire sentir... Ah ! que cela doit être doux !...

Ici il s'arrêta. Son air m'effrayait ; jamais je n'avais vu une telle altération dans ses traits. —

Le dernier des hommes du peuple... ou le prince le plus près du trône... quelle différence y a-t-il? Non, il n'en existe qu'une entre les hommes : obéir et commander. Il reprit la lettre.

Vous connaissez l'homme, continua-t-il, qui a osé m'écrire ceci. Le salueriez-vous dans la rue, si le hasard de la naissance ne l'eût pas rendu votre maître? Par dieu, c'est quelque chose de grand qu'une couronne!...

Il continua sur ce ton, et il lui échappa des propos qu'il serait imprudent de confier à une lettre; mais à cette occasion, j'ai appris de lui une particularité qui m'a fort étonné, et qui peut entraîner les conséquences les plus fâcheuses. Nous avons été jusqu'à présent dans une grande erreur sur les circonstances de famille de la cour de***.

Le prince, malgré tout ce que j'ai pu faire pour l'en empêcher, a répondu sur-le-champ à la lettre qui l'a irrité, et la manière dont il l'a fait nous ôte jusqu'à l'espérance d'un arrangement favorable.

Vous désireriez peut-être, mon cher O***, d'apprendre quelque chose de positif sur la belle Grecque; je n'ai cependant rien de satisfaisant à vous communiquer à ce sujet. On ne peut tirer aucune lumière du prince; il est initié dans le mystère; mais je présume qu'il a promis d'en garder inviolablement le secret. Ce n'est point une Grecque, comme nous l'avions supposé. Les uns la croient Française; d'autres

Allemande, et la fille d'une personne du plus haut rang, le fruit d'un amour malheureux, qui dans son temps a fait beaucoup de bruit en Europe. Des persécutions dirigées par une main puissante, l'ont obligée, dit-on, à chercher un asile à Venise, sous le nom supposé de Séraphina. Ce nom, qui échappe souvent au prince dans ses rêveries, est tout ce que j'ai su de lui. J'ai arraché le reste de Biondello avec assez de peine; car il se pique d'être un confident très-discret : mais le respect du prince pour cette belle inconnue, le mystère qu'il met à ses visites, peuvent donner de la vraisemblance à ces conjectures.

Il tient à elle avec une passion véhémente qui semble chaque jour faire de nouveaux progrès. Dans le commencement, ses visites à l'île Murano étaient fréquentes; dès la seconde semaine, elles se succédèrent avec moins d'intervalle; à présent il ne la quitte plus: des soirées entières s'écoulent sans que nous le voyions; et lors même qu'il est avec nous, c'est d'elle seule qu'il s'occupe. Je le vois à ses distractions, à ses soupirs, au nom de Séraphina qu'il prononce à demi-voix et comme malgré lui. Tout son être nous paraît changé: il va, il vient comme un homme en songe; tout ce qui l'intéressait le plus auparavant n'obtient pas même de lui l'attention la plus passagère.

Samedi dernier, j'eus la curiosité d'aller à midi dans l'église où le prince l'avait rencontrée. Il était sorti de bonne heure ; sans doute il était chez elle, et je voulais savoir si sa société avait interrompu les dévotions de la belle inconnue. Il n'y avait personne lorsque j'y arrivai ; mais peu de temps après, je vis entrer Séraphina voilée, et mise comme le prince nous l'avait dépeinte. Lui-même lui donnait la main ; mais ce qui me surprit bien davantage, c'est que l'Arménien, que je ne pus méconnaître quoiqu'il ne fût plus en uniforme russe, les suivait. La crainte que ma curiosité, qui pouvait passer pour de l'espionnage, ne déplût au prince, m'obligea à me retirer avant qu'il m'eût aperçu ; mais j'en vis assez pour être inquiet. Ah ! mon cher comte, quelle sera la fin de tout ceci? Notre horizon se rembrunit; l'avenir m'effraie, je l'avoue; ce n'est pas sans dessein que cet Arménien, cet adepte, cet homme inconcevable, s'attache au prince, et se trouve encore mêlé dans cette dernière aventure. Aurait-il des rapports avec l'inconnue? Est-ce une intrigue liée dont le but me fait trembler? D'un autre côté, la rupture du prince avec sa cour l'a mis sous l'humiliante dépendance d'un homme instruit de tous nos secrets. Le marquis de Civitella est maintenant le maître de notre existence. Pensera-t-il toujours aussi noblement qu'il a paru le faire jusqu'ici? La bonne intelligence qui règne entre eux durera-t-elle ? J'ai su par Biondello qu'il accompagne quelquefois le prince chez Séraphina.

Le prince a écrit à sa sœur pour lui demander avec instance les moyens de s'acquitter : peut - être mettra-t-elle pour condition à ses bienfaits notre départ de Venise; mais voudra-t-il, pourra-t-il quitter Séraphina? Adieu; je ne tarderai pas à vous apprendre le résultat de cette démarche.

CONTINUATION

DES MÉMOIRES DU COMTE D'O***.

La lettre que le baron de F*** m'annonçait à la fin de cette dernière n'arriva point. Trois mois entiérs s'écoulèrent sans que je reçusse aucune nouvelle de Venise ; la suite ne m'expliqua que trop ce silence. Toutes les lettres que mon ami m'avaient adressées avaient été interceptées. Enfin, un hasard en fit échapper une au traître sur lequel il n'avait encore aucune défiance : Biondello prit subitement une maladie dangereuse ; c'était lui qui portait toujours les lettres à la poste. Cette fois le baron les y mit lui-même ; elles me parvinrent, et qu'on juge de ma douleur en recevant ce qu'on va lire.

LE BARON DE F***, AU COMTE D'O***.

« Vous n'écrivez pas, vous ne » me répondez pas, mon cher comte. » Venez, oh! venez sur les ailes de » l'amitié ; peut-être sera-t-il temps » encore de sauver notre prince, » de l'arracher à la plus odieuse » trame, de le sauver au moins de » sa propre douleur. Peut-être êtes-» vous déjà en route. D'après ma » dernière lettre, vous avez dû fré-» mir des dangers affreux qu'il a » courus. Grâce au ciel, il est à » l'abri des deux les plus terribles : » il vit, et il ne fera pas un ma-

» riage indigne de lui. Mais il en
» existe d'autres, et ses jours même
» sont loin d'être en sûreté. La bles-
» sure du marquis est, dit-on, mor-
» telle. Le cardinal ne respire que ven-
» geance, et ses assassins cherchent
» partout le prince. Mon maître,
» mon malheureux maître, devais-je
» vivre pour être le témoin du sort
» cruel qui t'attendait ! Comme les
» plus misérables des hommes, nous
» sommes contraints à nous cacher ;
» des assassins et des créanciers nous
» poursuivent, et nous laissent à
» peine respirer. Une troisième es-
» pèce de persécuteurs s'attache en-
» core à cet infortuné, et ce qu'ils
» veulent de lui deviendra peut-être
» le seul moyen qui lui restera. Mais
» quel moyen, grand Dieu !

» Je vous écris du couvent de***, » où le prince a trouvé un asile. » Dans ce moment il sommeille à » côté de moi ; mais ce triste som- » meil n'est pas du repos : ses lèvres » prononcent le nom de Séraphina, » et son extrême agitation prouve » la nature du rêve qui l'obsède et » les images déchirantes qu'il lui » retrace. Pendant les derniers jours » de la vie et des souffrances de la » malheureuse Séraphina, les yeux » du prince ne se sont pas fermés » un instant ; il ne l'a pas quittée, » et c'est dans ce moment de la plus » affreuse anxiété qu'il se rappela » qu'il avait un ami, et qu'il me fit » demander. Non, de ma vie je » n'oublierai ce que j'éprouvai lors- » que, pâle, défait, ses beaux traits

» défigurés par les veilles et la dou-
» leur, il se jeta dans mes bras en
» me disant : cher F***, aimes-tu
» encore ton ami, ton malheureux
» ami? Je vais la perdre ; il faut que
» je te retrouve. Toujours, tou-
» jours le même, cher prince ! m'é-
» criai-je en me jetant à ses pieds ;
» que ne puis-je donner ma vie pour
» vous rendre au bonheur ! Il me
» releva et m'embrassa ; il me serra
» sur son cœur oppressé ; ses larmes
» brûlantes mouillèrent ma joue. Il
» me conduisit ensuite auprès du
» lit de mort de la malheureuse Sé-
» raphina. Jamais, jamais les scènes
» dont je fus le témoin ne s'efface-
» ront de ma mémoire. Quelle femme
» étonnante ! Comment peut-on al-
» lier autant de grandeur d'ame,

» de sensibilité, à tant de bassesse » et de fourberie ? Non, le cœur » de Séraphina était formé pour la » vertu, pour tout ce qu'il y a de » noble et de grand ; les circons» tances, les vices des hommes l'ont » égarée. L'amour lui avait rendu » toute sa pureté, toute son éner» gie naturelle. Sa fin a été celle » d'une sainte : elle a rassemblé tout » ce qui lui restait de force pour » mettre son amant dans ce qu'elle » croyait être le chemin du ciel; et » quoique la doctrine qu'elle lui » prêchait doive me paraître une » erreur, il faut que je convienne » que dans sa bouche elle me parut » sublime. Comment la fermeté du » prince n'aurait-elle pas été ébran» lée? Moi-même, mon cher comte,

» moi

» moi qui n'était pas égaré par l'a-
» mour, je ne sais où m'aurait con-
» duit l'émotion de mon cœur ; le
» prestige dont j'étais environné,
» cette femme céleste prête à rendre
» le dernier soupir, un crucifix dans
» la main, et ses yeux si beaux, si
» expressifs, prêts à se fermer pour
» jamais, tournés vers le ciel en lui
» demandant la conversion de son
» amant ; ces prêtres, ces flambeaux,
» cet appareil religieux qui semble
» ouvrir les portes du ciel au mou-
» rant catholique : oui, mon cher
» comte, il faut en convenir, cette
» religion parle plus au cœur, élève
» plus l'ame que la nôtre, qui est
» trop sèche, trop dénuée de tout
» ce qui frappe les sens. Le prince à
» genoux, près du lit de son amie,

» n'était plus ce froid métaphysi-
» cien qui mettait des raisonne-
» mens glacés à la place du senti-
» ment : il priait avec ferveur le
» dieu de Séraphina. Cependant il
» eut encore la force de refuser au
» saint enthousiasme de la belle
» mourante son instante et der-
» nière prière, celle de faire abju-
» ration tout de suite et entre les
» mains du prêtre qui était présent,
» ou du moins de le promettre. Il
» résista ; mais je vois trop que son
» cœur et son esprit ont cédé, qu'il
» se reproche même cette résistance,
» et qu'il ne tardera pas à prendre
» la route indiquée par celle qu'il
» adorait. Et le refuge que nous
» avons été forcés de chercher dans
» ce couvent, l'ascendant inoui que

» l'Arménien a pris sur l'esprit du » prince, et même sur son cœur, par » ses rapports avec Séraphina, ne » confirment que trop mes craintes. » Je vois, par la réponse de sa sœur, » dont je vous envoie une copie, » que l'on croit même en Allema- « gne qu'il a déjà abjuré. Adieu, » cher comte; je vous attends avec » impatience. F***. »

Dans cette lettre était inclus le billet suivant :

« La religion, qui a fait, dans la » personne du prince de***, une ac- » quisition si brillante, ne le lais- » sera pas manquer des moyens de » continuer le genre de vie qu'il a » préféré à son culte, à sa famille,

» à ses devoirs. Je puis disposer de » mes prières et de mes larmes en » faveur d'un frère égaré; je n'ai » point de bienfaits à accorder à un » frère indigne.

» HENRIETTE. »

SUITE

DES MÉMOIRES DU COMTE D'O***.

SUR-LE-CHAMP je pris la poste; je courus jour et nuit, et la troisième semaine j'étais à Venise. Hélas ! toute ma diligence ne servit à rien, il n'était plus temps : le prince avait abjuré publiquement, entouré des prêtres, des cardinaux, des inquisiteurs, de l'Arménien, qui triomphaient de leur conquête. Je ne pus pénétrer jusqu'à lui; mais on ne parlait à Venise que de sa conversion.

Le baron de F*** était malade de chagrin. Je ne pus le voir au moment de mon arrivée; mais bientôt je reçus le billet suivant de sa part, écrit d'une main tremblante :

« Retournez d'où vous venez, » mon cher O*** ; le prince n'a plus » besoin ni de vous ni de moi : toutes » ses dettes sont payées ; le cardinal » lui sert de père. Le marquis est ré- » tabli et ne le quitte pas, non plus » que l'indigne Arménien. Tous » triomphent ; et au milieu des hon- » neurs et des plaisirs dont ils en- » tourent leur victime, la plaie de » son cœur sera bientôt cicatrisée. » Le coupable et malheureux Bion- » dello et l'intéressante Séraphina, » qu'ils ont sacrifiés à leur sûreté, » restent seuls chargés de tout l'o- » dieux de cette trame, où le prince » ne voit au reste qu'un zèle res-

» pectable pour la religion qu'il » vient d'embrasser. Une fois peut-» être j'aurai le courage de vous » développer les détails de cette abo-» minable intrigue : à présent je » n'en ai pas la force. Partez, mon » cher comte, et puissé-je bientôt » vous suivre ! Ce n'est plus qu'en » tremblant qu'on respire cet air » empoisonné. »

Malgré cet avis, je ne voulus pas quitter Venise sans avoir encore fait quelques démarches pour parvenir à voir le prince : elles furent infructueuses. Il était obsédé, et la prudence me força de hâter mon départ. Je passai cependant une journée entière auprès du lit de mon ami ; son cœur avait besoin de s'épancher, et j'appris de lui les particularités de l'histoire la plus étrange. Que de faiblesse d'une part! mais, de l'autre, quelle profonde scélératesse! Je voudrais pouvoir me dispenser de revenir sur des détails qui remplissent mon ame d'indignation et de douleur; mais la curiosité du lecteur doit être excitée, et je vais lui donner à regret un résumé de ma longue conversation avec le baron de F***.

Il paraît certain que le projet d'attirer le prince dans le sein de la mère-église, était formé même avant son départ pour l'Italie; et peut-être, sans s'en douter, fut-il dirigé sur le choix du séjour de Venise. On connaissait déjà le fond de son caractère et les moyens qui devaient réussir ; cependant ils furent sur le point d'échouer, et le prince leur échappait au moment où on croyait le tenir. Enfin on eut recours à l'abominable intrigue qui eut le succès désiré, et dont j'indiquerai quelques-uns des fils ; un, surtout, de retour d'amitié et de confiance de la part du prince à M. le baron de F***, à portée de les saisir en partie ; car plusieurs circonstances resteront toujours impénétrables.

Celle qui fit pour ainsi dire l'ouverture de la scène, l'étonnante prédiction de l'Arménien, lorsque sur la place Saint-Marc il annonça au prince la mort du prince héréditaire et l'instant précis de cet événement, n'est pas difficile à expliquer ; on la savait même avant qu'elle eût lieu, cette mort nécessaire à leurs projets, et ce malheureux prince fut la première victime de cette trame odieuse. Je renvoie à cette première partie de mes mémoires, pour rappeler au lecteur les différens ressorts que l'on fit jouer alors pour étonner l'esprit du prince et s'en emparer. Le prétendu adepte Arménien (que je désignerai toujours ainsi, ne connaissant pas son vrai nom) était la cheville ouvrière ; c'était tout simplement un Italien. Habile intrigant et familier de l'inquisition, il s'était engagé à amener le prince où l'on voulait, si on laissait les moyens à sa disposition ; et il n'y a que trop bien réussi. Déjoué cependant d'abord par la fermeté inattendue du prince et la maladresse de son complice, il fut forcé de renoncer au merveilleux. Il disparut pour quelque temps, mais ne cessa pas ses intrigues secrètes; il se servit même avec succès d'un des fils de la première, dont le prince lui-même avait fourni l'idée, lorsqu'il demanda au Sicilien d'évoquer l'ombre du défunt marquis de Lanoy. Quoique le prince eût été convaincu de l'imposture, une seule circonstance avait déjà fait une forte impression sur son esprit : le mot que son ami lui avait dit en expirant, et qu'il ne put achever, avait toujours occupé sa pensée. On a vu que ce fut la première idée qui s'offrit à lui lors de l'aventure du Sicilien, et il s'attacha à ce qui pouvait expliquer ce mystère. Depuis lors il me parlait souvent de cette fille du marquis dont l'apparition lui avait parlé, comme s'il était convaincu qu'elle existait réellement, et avec le projet de la chercher; et lorsqu'il désirait si passionnément de retrouver l'Arménien, c'était uniquement pour le faire expliquer sur cet objet. Mais exciter son impatience et sa curiosité, était aussi un de leurs moyens. Aucun ne fut négligé; il leur importait d'avoir autour de leur proie un homme qui leur fût dévoué. Le pauvre chasseur allemand fut la seconde victime immolée. L'adroit Biondello, un de leurs agens le plus zélé, le remplaça, et de ce moment tout devint facile. Il gagna en entier la confiance de son maître; il intercepta les lettres, et ils furent au fait de tout ce qu'ils voulurent savoir.

Cependant le caractère indécis du prince, son respect involontaire pour la religion dans laquelle on l'avait élevé, sa conscience timorée, sa faiblesse même présentaient des obstacles qu'il fallait vaincre. Par le moyen de Biondello, on lui fit faire ce cours de lectures philosophiques et métaphysiques qui commencèrent à égarer son esprit et sa raison. Ce plan était bien calculé: avant que de bâtir un nouvel édifice, il fallait détruire l'ancien, laisser la place absolument vide; et ce fut l'affaire de quelques mois de lectures, de flatteries, et d'association avec les initiés du Bucentaure. L'Arménien sut encore tirer parti, dans cette occasion, du mauvais succès de sa première fourberie. La manière dont le prince l'avait dévoilée, devait nécessairement le conduire par l'orgueil à l'incrédulité.

Lorsqu'il en fut au point où on le voulait; quand on eut assez affaibli les principes sur lesquels sa moralité était fondée, on en vint à un moyen indispensable à leurs vues : celui de le mettre sous leur dépendance, en le ruinant et en venant à son secours.

C'est ici où le cardinal A***i, et son neveu, le marquis Civitella, entrèrenten scène. Un combat simulé, une blessure supposée, lia entre eux une connaissance intime dont on a vu les suites ; elle entraîna le prince dans le goût du jeu, qui, joint aux dépenses extraordinaires où l'avait conduit le séjour du prince de D***, le ruina complètement. Des avis secrets furent envoyés à la cour pour qu'on refusât les sommes qu'il demandait; et bientôt n'ayant plus d'autre ressource que la bourse de ses séducteurs, il leur fut entièrement livré.

C'est alors que je fus obligé de partir. Il entrait dans leur plan de m'éloigner à tout prix; et si ce ne fut que par l'absence, je le dois sans doute à la crainte qu'ils eurent d'éveiller les soupçons du prince, ou d'exciter trop sa sensibilité ; ils la reservaient tout entière pour le dernier acte de leur drame, pour celui qui devait être décisif : au moment où ils voulaient mettre l'amour en jeu, il fallait éloigner la clairvoyante amitié.

Séraphina parut. Cette fille, aussi belle que séduisante, née à Florence dans une classe obscure, attachée quelque temps à un théâtre, en avait été tirée par le marquis de Civitella, qui l'entretint publiquement. La beauté vraiment angélique et l'esprit de Séraphina captivèrent son inconstance naturelle ; il l'aima avec idolâtrie, et ce ne fut pas sans peine qu'il consentit à lui laisser jouer le rôle qu'on lui destinait dans cette intrigue. Son oncle, le cardinal A***i, mettait un zèle extrême à la conversion du prince. Il voulait s'en faire un mérite auprès de la cour de Rome, et n'épargnait rien pour parvenir à ce but. La maîtresse de son neveu, la belle et séduisante Séraphina lui parut réunir tout ce qu'il fallait pour achever de subjuguer le prince. Il exigea du marquis de la céder pour quelque temps; Séraphina lui promit une fidélité qui lui paraissait facile alors. Le cardinal lui jura qu'une femme qui lui était dévouée serait toujours avec sa maîtresse. L'Arménien s'engagea à la surveiller, et le marquis céda, se promettant bien de les observer aussi lui-même.

On a vu plus haut les commencemens de cette intrigue, et avec quel art elle fut entamée. Le prince, alors âgé de trente-six ans, naturellement assez froid, ayant vu sans passion les plus belles femmes de l'Allemagne et de l'Italie, ne pouvait pas être pris par des moyens ordinaires. Biondello, dont l'adresse se déploya dans cette occasion avec activité, sut s'emparer de son imagination, et le préparer par degrés à la forte impression que lui fit Séraphina. La manière dont il fit sa connaissance, le mystère dont elle était enveloppée, les difficultés qu'il trouva d'abord à le pénétrer, tout était calculé pour l'enflammer, et il le fut à l'excès.

Depuis long-temps, sans s'en douter, il ne faisait plus un seul pas sans être conduit par *ses maîtres*. Quand ils le jugèrent à propos, il retrouva Séraphina, et il fut admis chez elle. Il n'y vit d'abord qu'une femme âgée, espèce de duègne avec un air respectable ; c'était une ancienne maîtresse du cardinal, qui, à cette école, avait appris dans sa perfection l'art de l'hypocrisie. Séraphina, à qui chaque mot était dicté, ne lui disait de son sort que ce qu'il fallait pour porter à son comble l'intérêt et la curiosité, et chaque jour le prince croyait soulever un peu plus le voile qui la couvrait. Elle parlait d'un homme excellent, d'un ange gardien qui lui avait servi de père, et l'avait arrachée au malheur, sous la protection duquel elle vivait encore, mais qui voulait rester ignoré. Le prince était intarissable dans ses questions, et des réponses préparées avec art paraissaient échapper malgré elle à l'ingénue Séraphina : c'est ainsi qu'il découvrait qu'elle avait été élevée dans un couvent en Flandre ; que long-temps elle avait ignoré a qui elle devait le jour ; que le plus aimable des pères s'était enfin fait connaître à elle, et lui avait promis un protecteur puissant dans un ami qu'il voulait lui amener.

Eh bien, dit le prince, qui fut frappé comme d'un trait de lumière, ce père... cet ami... au nom du ciel, parlez ; dites-moi.... —

Je n'ai plus revu mon père, répondit-elle avec un accent douloureux ; son ami n'a jamais paru ; une nuit impénétrable a couvert leur destinée, et sans doute ils ne sont plus. Si la cruelle mort m'eût privée de l'un des deux, l'autre ne m'aurait pas abandonnée; mon père m'en avait parlé comme d'un second lui-même. Sans secours, sans asile, ne tenant à rien dans le monde, j'allais m'enchaîner malgré moi, par des vœux éternels, dans ce cloître que je détestais alors, et qui fait à présent l'objet de mes désirs, dit-elle en baissant la voix. L'homme respectable dont je vous ai parlé parut alors comme un ange protecteur; il était l'ami de mon père aussi, mais non pas celui qu'on m'avait annoncé: il m'arracha au malheur dont j'étais menacée, et m'a conduite ici. —

Achevez, divine Séraphina, dit le prince en se jetant à ses pieds; un seul mot de plus, le nom de votre père.

Je l'ignore; mais voilà son portrait, dit-elle en le sortant de son sein. C'était ce que le prince prévoyait; c'était son ami, le marquis de Lanoy. Il lui montra à son tour celui qu'il avait; il se fit connaître pour cet ami, ce protecteur annoncé; dans son délire, il jura mille fois à Séraphina qu'elle serait son épouse, et demanda d'être présenté à celui qu'elle appelait son ange tutélaire. Il parut, et c'était l'Arménien. Tout fut expliqué au prince; tout prit l'apparence la plus simple et la plus naturelle. Il fit au prince une histoire adroitement arrangée d'une ancienne liaison avec le père et la mère de Séraphina, et de ses motifs pour l'avoir amenée à Venise. Je savais, lui dit-il, combien vous aviez aimé son père ; souvent je vous avais vu ensemble. Mon projet, en amenant Séraphina à Venise, était de vous la présenter, de la mettre sous votre protection. Une correspondance à la cour de votre oncle m'avait instruit de la mort du prince héréditaire ; je fus curieux, je l'avoue, de voir quel effet ferait sur vous cette nouvelle apprise d'une manière extraordinaire.

Ma pupille m'intéressait trop vivement pour ne pas étudier avec soin le caractère du protecteur que je voulais lui donner ; de là, prince, mon obstination à vous suivre, qui me rendit le témoin de la scène du Sicilien. Je vis que vous n'aviez pas oublié le marquis de Lanoy, et je cédai au désir de vous preparer à voir sa fille, et de démasquer en même temps un imposteur qui abusait de votre crédulité.

Mais pourquoi donc vous en tenir là? dit vivement le prince; pourquoi ne vous ai-je pas revu? Par une défiance mutuelle, lui répondit le traître: vous me crûtes de moitié avec l'imposteur Sicilien; et moi, prince, je vous avouerai que je vous trouvai trop beau, trop aimable, trop séduisant pour vous montrer à ma pupille; j'ajournai mon projet, de vous remettre la fille de votre ami, jusqu'au moment où je pourrais, sans danger pour elle, la mener à votre cour, et la placer sous la protection de votre épouse.

Je

Je n'en aurai jamais d'autre qu'elle, s'écria le prince ; je renoncerais à ma couronne plutôt qu'à Séraphina.

Commencez donc à renoncer à vos erreurs, lui dit l'Arménien, et méritez une couronne impérissable. Jamais un hérétique, fût-il sur le trône, ne sera l'époux de Séraphina. Je ne l'ai pas arrachée au malheur sur cette terre, pour lui faire courir le danger d'un malheur éternel. La Providence, qui vous a réunis malgré moi, a sans doute ses vues ; je la laisse faire. Ecoutez la voix qui vous appelle ; respectez la fille de votre ami, et imitez sa piété.

On voit avec quel art le piége avait été dressé ; mais on n'avait pas prévu ce qui arriva à Séraphina. Son rôle était d'amener le prince, par l'amour, à changer de religion. Elle devait donc paraître dévote et sensible. Ces deux caractères, jusqu'alors si étrangers au genre de vie de cette fille, furent d'autant mieux joués, que bientôt ce ne fut plus un jeu. En s'occupant d'un culte jusqu'alors complètement négligé, Séraphina trouva dans la religion un charme qui l'attacha chaque jour davantage. En voyant continuellement un prince aimable, beau, qui l'aimait avec passion et avec délicatesse, elle apprit à connaître le véritable amour. Elle aima son Dieu, elle aima son amant avec cette force, cette énergie, ce feu qui distingue les Italiennes. Ces deux sentimens réunis dans son cœur brûlant, lè purifièrent. Si dès cet instant elle ne découvrit pas au prince la tromperie avec laquelle on l'abusait, c'est qu'elle sentait bien que de ce moment elle le perdait pour jamais, et qu'elle désirait sincèrement, par un motif plus respectable que celui de ses guides, de le convertir à la religion qu'elle croyait de bonne foi la seule vraie. Sans doute aussi sous ce motif se cachait la honte de se déshonorer elle-même aux yeux de celui qu'elle adorait, de déchirer de sa propre main ce bandeau auquel elle devait cet amour si passionné, si respectueux, si nouveau pour elle, et qui répandait tant de charmes sur son existence. Il aurait fallu pour cela un effort de courage dont elle n'aurait été capable que lorsqu'il lui fut interdit.

Séraphina continuait donc de passer, aux yeux du prince, pour la fille du marquis de Lanoy; mais si elle lui en imposait sur sa naissance, il ne lui était pas aussi facile de cacher son amour; tout la décelait, et le marquis de Civitella, qui s'était fait mener chez elle par le prince, et qui l'observait avec les yeux de la jalousie la plus violente, l'eut bientôt pénétrée. Le prince lui-même lui confia qu'il croyait son amour partagé, et qu'il était dans le dessein de l'épouser secrètement. Sa rage alors fut à son comble; il fut sur le point de découvrir au prince toute la trame: mais cette découverte n'empêchait pas Séraphina d'être infidelle. Il préféra donc de se taire, et de prévenir par la mort de Séraphina cette infidélité, et l'aveu qu'elle ne tarderait pas à faire. Un poison sûr, préparé par lui-même et mêlé dans une glace, la mit en peu de temps à toute extrémité. Ce fut alors que le prince, au désespoir, fit appeler le baron de F***, et le conduisit auprès du lit de l'infortunée Séraphina. Elle venait d'avoir un entretien avec son confesseur et l'Arménien, et sans doute ils avaient mis au pardon de ses péchés la condition de ne pas désabuser le prince, et d'obtenir sa conversion... Je meurs, lui dit-elle avec peine, et je meurs en vous adorant. N'en demandez pas davantage. Mais pour prix de cet aveu, pour prix de ma vie, pour que je meure en paix, accordez-moi de mourir avec l'espoir de vous retrouver dans le séjour où je vais vous attendre, si vous écoutez ma prière, si vous jurez devant ce ministre des autels de vous convertir à la seule et vraie religion.

Le prince, à genoux à côté du lit, inondé de larmes, baisait avec transport sa main, et ne lui répondait pas. Elle la retira, la tendit au prêtre : il y plaça le crucifix. Après l'avoir porté à sa bouche, elle le présenta au prince. Au nom de ce Dieu mort pour nous, lui dit-elle avec un dernier effort, adorez-le : mon pardon m'est promis si j'obtiens cette victoire. Eh, quel pardon!

si vous saviez combien j'en ai besoin ! que de fautes vous pouvez effacer par un seul mot ! Quoi ! celui qui m'a juré tant de fois qu'il voulait faire mon bonheur sur cette terre, me refusera-t-il de l'assurer pour l'éternité ! Oui, prince, nous pouvons, si vous le voulez, être heureux ensemble éternellement.

Le baron de F***, présent à cette scène, m'a dit qu'il était impossible de se faire une idée de l'expression touchante de sa physionomie. Ce beau visage, blanc comme un lis, déjà couvert de la pâleur de la mort, se colora subitement ; un rayon céleste anima encore un instant ces deux grands yeux bruns à demi fermés. Elle les éleva au ciel : O Dieu! dit-elle, ô divin Sauveur ! acceptez mon repentir ; éclairez sa foi ; touchez son cœur. Elle laissa retomber sur la tête du prince la main dont elle tenait le crucifix ; et après quelques légères convulsions, elle expira.

L'Arménien n'avait pas quitté un instant le pied du lit : ses regards sombres, fixés sur la mourante, lui ordonnaient le silence, et son bras étendu semblait la menacer de l'enfer, s'il lui échappait un seul mot. Jamais sa physionomie n'avait paru au baron plus immobile, plus étonnante ; aucun signe d'émotion ne s'y peignit seulement. Il respira avec plus de force lorsqu'il eut entendu le dernier soupir de Séraphina, comme quelqu'un qui aurait échappé à un danger. Il vint au prince, que le baron tenait dans ses bras, et lui dit avec fermeté : Vous l'avez entendu, prince : ce ne sont pas des larmes qu'elle vous demande ; c'est son salut éternel, c'est le vôtre. Ecoutez la voix du ciel, et suivez-moi. Le prince, abattu, subjugué, se laissait entraîner, lorsqu'un grand bruit se fit entendre à la porte de la chambre. Elle s'ouvre avec violence, et le marquis de Civitella, pâle, tremblant, hors de lui, entre et jette autour de lui des regards égarés..... Séraphina ! Séraphina ! s'écria-t-il avec fureur en se précipitant sur elle ; écoute-moi, réponds-moi ; je le veux, je te l'ordonne. O malheureux ! qu'ai-je fait ! Séraphina, un seul mot à ton amant.

Son amant ! crie à son tour le prince ; et courant au marquis, il veut l'arracher de force du corps inanimé de Séraphina. Tout à coup le marquis se relève de lui-même, et fixant le prince avec des yeux étincelans de fureur : C'est vous, lui dit-il, vous seul qui êtes son assassin ; sans vous elle existerait encore. Le prince le saisit par le bras, lui dit quelques mots que l'on ne put entendre, et sortit avec lui, en défendant au baron de les suivre. L'Arménien avait quitté la chambre au moment où le marquis y était entré.

Le baron, n'osant pas désobéir au prince, voulut lui envoyer au moins son cher Biondello. Il le chercha, et le trouva aux prises avec les douleurs les plus aiguës. C'était encore une victime immolée à la sûreté du secret. Le baron donna des ordres pour qu'il fût transporté à l'hôtel et soigné. Il courut ensuite lui-même à la recherche du prince, et le rencontra bientôt, aidant à porter le marquis, dangereusement blessé. Il se joignit à eux, et sur la prière réitérée du marquis, il engagea le prince à se mettre quelque part en sûreté. Ne connaissant aucun lieu d'asile, il était très-embarrassé, et regarda cette fois comme un bonheur l'arrivée de l'Arménien, qui le cherchait aussi. Il les conduisit dans le couvent, d'où le baron m'écrivit la lettre qu'on a vue, et qui me fit arriver.

Le cardinal, après avoir jeté feu

et flammes, et juré mille fois la mort du prince s'il perdait son neveu, parut s'apaiser. Il vint lui-même au couvent, eut plusieurs conférences avec le prince, l'emmena enfin dans son palais, d'où il n'est sorti que pour faire une abjuration publique. Dès cet instant toutes ses dettes payées, une pension considérable de la cour de Rome, le don d'un superbe palais, toutes les jouissances du luxe, tous les honneurs sont sa récompense. Comme nous ne l'avons point revu, nous ignorons s'il est éclairé sur Séraphina ; mais il paraît consolé et réconcilié avec le marquis, qui est guéri de ses blessures.

Biondello languit quelques jours à l'hôtel, soigné par mon ami. Sa reconnaissance et l'approche de sa fin amenèrent le repentir : il fit au baron un aveu sincère de tout ce qui s'était passé ; et c'est ainsi que nous avons su, avec la plus exacte vérité, les détails que je viens de donner.

Le désir seul de justifier la mémoire d'un prince à qui j'étais tendrement attaché, m'a engagé à prendre des mesures pour que cet écrit voie une fois le jour ; mais les raisons les plus fortes, et que l'on comprendra peut-être, m'obligent d'attendre, pour cet acte de justice et d'amitié, le moment où lui-même et moi nous n'existerons plus.

Au milieu de tant de piéges, comment aurait-il pu échapper?... Je m'arrête : on connaît les suites de cet événement et son influence; on sait maintenant quelles en ont été les causes; on connaît les ressorts cachés : je n'ai plus rien à dire.

FIN.

ALCIBIADE
SOLITAIRE,
CONTE.

Par PIERRE BLANCHARD.

AVIS DE L'ÉDITEUR.

Le conte que j'ai osé placer à la suite de l'ouvrage de Schiller et de Madame de Montolieu, ne s'y trouve que pour compléter le volume. J'aurais voulu offrir quelqu'autre pièce, ou de l'auteur allemand, ou de son aimable traducteur ; je ne l'ai pu. Je souhaite seulement que le lecteur n'ait pas à me reprocher d'avoir rencontré ici ce qu'il n'y cherchait point.

ALCIBIADE SOLITAIRE,

CONTE.

C'EST souvent un malheur que d'avoir été trop constamment heureux dans ses désirs; nous n'en sentons que plus vivement le premier revers. Alcibiade l'éprouva. Les historiens ont bien dit que c'était un homme qui se pliait à toutes les mœurs, qui montrait différens caractères; mais ils ont oublié de nous apprendre par quelle voie il était parvenu à un but si difficile. Il ne paraît pas probable qu'un jeune homme aimable, plein de talens, et riche surtout, soit devenu si sage, sans que quelque désagrément n'y eût contribué. Les leçons de Socrate étaient excellentes; Alcibiade les écoutait quelquefois, mais il ne les suivait guère. Une jeune Athénienne, qui ne songeait point à l'instruire, fit plus que le philosophe.

Athènes était le séjour de la beauté et des grâces. Alcibiade, jeune, d'une figure charmante, vit cent jolies femmes, en aima plusieurs, et ne rencontra qu'une cruelle qui, dans un instant, lui fit oublier toutes les faveurs dont les autres l'avaient enivré. Il jura par Vénus qu'il en serait aimé; mais Vénus n'écouta pas plus son serment que l'insensible Athénienne n'avait écouté son amour. Il en eut pour le moins autant de dépit que de chagrin. Pour comble de malheur, il apprit que le cœur de la cruelle s'était laissé toucher, et ce n'était pas lui qui l'avait rendu sensible. Quel désespoir pour un homme à bonnes fortunes !

Pour se consoler, il voua ses désirs à l'ambition. Il parut au milieu des assemblées publiques, rechercha les personnages en faveur, et essaya même de haranguer le peuple. Socrate, qui devina son intention, voulut le détourner d'un projet ridicule à son âge, et à l'aide de cette fine ironie qui lui était particulière, même en paraissant l'encourager, il lui fit cruellement sentir qu'un jeune homme de dix-huit ans était un pauvre politique : le peuple, qui se moqua de ses prétentions, le lui fit sentir plus impitoyablement encore.

Dédaigné de sa maîtresse, repoussé par le peuple, il en conclut que le mérite n'était heureux, ni en amour, ni en politique. Cette idée troubla son jeune cerveau, et dans un accès philosophique, il conçut une haine mortelle pour tout ce qui porte figure humaine : la vue d'un seul homme lui retraçait tous les torts de l'humanité ; celle d'une femme tous les genres de perfidie. Il ne reconnaissait plus qu'un seul sage dans la brillante Athènes; c'était le cynique Diogène, qui vivait comme une bête sauvage au milieu des chefs-d'œuvre de la civilisation. Il lui reprochait cependant un grand tort : pourquoi restait-il parmi les hommes ? Quant à moi, s'écria-t-il dans son indignation, je serai plus conséquent dans ma sagesse ; j'abandonnerai cette société de loups prêts à s'entre-dévorer. C'est dans ton sein, ô Nature, que je me jetterai ! tu ne me tromperas point. Nos pères ont été fidèles à tes lois, et sans doute ils ont été heureux. Que leurs enfans sont dégénérés ! ils ont bâti des palais, et le vice les habite ; ils ont inventé des ornemens pour la beauté, et la corruption s'est parée de ces brillans dehors. Tout a été embelli et perverti dans ces villes funestes, où les hommes se corrompent mutuellement par l'air qu'ils exhalent et qu'ils respirent.

Ce qu'il disait, il le fit : il sortit d'Athènes, seul et presque dénué de tout; il dirigea ses pas vers une forêt, dans le sein de laquelle il s'enfonça. Le printemps était dans toute sa beauté, les oiseaux chantaient sous la verdure nouvelle, le parfum des fleurs se mêlait à l'haleine des zéphyrs, la vie respirait de toutes parts, et notre jeune philosophe, ému par ce charme irrésistible de la nature, crut que la solitude était le seul séjour du bonheur. Il s'arrêta sous un chêne, dont les vieilles racines, revêtues de mousse, lui servirent de siége. Tempérée par le calme qui régnait en ces lieux, sa misanthropie lui fit éprouver une sorte de satisfaction orgueilleuse. Aristide, condamné à l'exil, n'eut pas, selon lui, autant de droit de se plaindre des hommes qui ne songent qu'à eux, et des femmes qui n'aiment qu'elles.

Tant qu'il vit briller le soleil, et qu'il ne sentit l'aiguillon d'aucun besoin, sa philosophie alla le mieux du monde; elle commença à se modifier un peu, lorsque la nuit vint, que l'humidité pénétra ses vêtemens, et que son estomac lui rappela qu'il n'avait pas dîné. Il convint avec lui-même que l'état de pure nature n'était pas tout-à-fait ce qu'il fallait à l'homme. Une cabane et de quoi souper ne lui paraissaient déjà plus un luxe trop condamnable. Il fut cependant forcé de s'en passer pour ce jour-là ; il dormit tant bien que mal au pied de son vieux chêne.

Le lendemain, il se leva tout brisé, et tourmenté d'une faim qui n'entendait plus raison. Il chercha aux environs, dans la forêt, et trouva un pauvre pêcheur qui lui vendit quelques poissons grillés, et une cabane de paille et de feuillage élevée sur le bord d'une rivière. Réjoui par ces utiles acquisitions : Tels étaient les palais de nos ancêtres! dit-ilavec transport; quelques arbres de cette forêt me donneront leurs fruits ; je tendrai des piéges à seshôtesfarouches, et je surprendrai les habitans muets qui se jouent dans cette onde pure. Jamais, Alcibiade, jamais tu n'as été aussi heureux,

reux, jamais tu n'as été aussi riche que depuis que tu as renoncé à toute richesse! C'est ainsi que par de beaux mots il essayait de réchauffer sa propre imagination déjà bien refroidie.

Cependant Socrate ne l'avait point perdu de vue, et, quoique persuadé de son retour prochain, il ne voulut pas l'abandonner : il le suivit, et le trouva dans ce palais dont il vantait les charmes. Le jeune Athénien eut d'abord quelque honte en présence du vieux philosophe; mais l'orgueil lui fit bientôt prendre son parti : il joua le rôle de Diogène. Voyez et condamnez, dit-il; mais vos discours artificieux n'auront pas le pouvoir de me faire changer. Et pourquoi condamner? reprit Socrate ; je viens, au contraire, pour m'instruire et savoir comment l'homme doit s'y prendre pour vivre à la manière des ours ; cela vaut bien la peine de faire un petit voyage : au surplus, je remarque avec plaisir que vous voilà maintenant tout-à-fait philosophe. Oui, répondit Alcibiade, car je hais les hommes. Mais ceci se nomme misanthropie, dit Socrate ; prenez-y garde. — C'est aussi parce que j'y ai sérieusement pensé, que j'ai adopté ces sentimens. La société n'est qu'un composé d'ingrats pour lesquels l'homme sage ne doit point se sacrifier. — Je croyais le contraire. — Vous vous trompiez, Socrate.

Le philosophe ne fit que sourire, et se dit en lui-même : Trois jours de ce nouveau régime changeront bien cette jeune tête : laissons faire le temps. Il ne voulut point le heurter dans ses opinions singulières : la vanité blessée a besoin de ménagement. Il l'écouta ; il eut même l'air de lui applaudir. Je ne sais si sa maîtresse avait raison, pensait-il intérieurement ; mais les Athéniens ont peut-être eu tort de ne pas mieux accueillir ce jeune étourdi. J'ai dans l'idée qu'il sera quelque chose un jour.

Il quitta le solitaire, et vint rire à Athènes du dépit de son disciple. Il en parla chez Aspasie ; on sait qu'il y allait sacrifier aux Grâces. Aspasie trouva ce dépit fort original : elle en rit aussi ; mais en même temps elle conçut un projet qu'elle n'eut garde de confier au philosophe. Elle avait remarqué Alcibiade dans les fêtes publiques, et le souvenir de la figure noble et spirituelle du fils de Nicias n'était jamais sorti de sa mémoire.

Le départ de Socrate ne fit que mieux sentir à notre jeune sage le vide où il se trouvait. Il tâcha cependant de s'étourdir sur les réflexions qui naissaient dans sa tête; il s'occupa des soins qu'exigeait son nouveau domicile, et à l'entrée de la nuit, la fatigue l'endormit sur un lit de feuilles sèches. Il se trouvait alors précisément aussi riche que les pêcheurs de Théocrite. Le lendemain, il eut en vain recours à ses beaux raisonnemens ; l'ennui le gagna, et le poursuivit partout :

il trouva que son poisson grillé était un ragoût détestable, et se retourna cent fois sur son lit des premiers âges avant d'y trouver le sommeil.

Éveillé avant l'aurore, il songea sérieusement aux moyens de rendre sa solitude plus supportable. Il y rêvait encore un peu avant le milieu du jour, lorsqu'il découvrit sur la rivière une petite barque qui suivait le fil de l'eau; une jeune bergère la dirigeait. Alcibiade crut voir la nymphe de ces ondes; et, oubliant qu'il était philosophe, il courut vers le lieu où il jugea qu'elle voulait aborder.

Pardon, lui dit-elle, en sautant légèrement sur le rivage, pardon si je trouble la paix de cet asile : je me suis confiée imprudemment au courant de ce fleuve ; il m'a entraînée beaucoup plus loin que je ne le voulais. Je lui sais gré du bonheur qu'il me procure, reprit Alcibiade ; sans doute vous êtes la divinité même de ces eaux? Non, seigneur, interrompit-elle ; je ne suis qu'une bergère. — Quoi! ces déserts sont habités par ce qu'il y a de plus beau dans la Grèce! J'ignorais que ce fût dans la délicieuse vallée de Tempé que je me trouvais. . . . .

Il invita la bergère à se reposer dans sa cabane, et fut honteux de n'avoir à lui présenter qu'un siége semblable à celui qu'Eumée offrit à Ulysse. Elle s'y plaça avec une grâce charmante, qui fit oublier à son hôte tout ce qui d'abord avait dû le rendre un peu confus. N'est-ce pas une fille des champs? se dit-il en lui-même. La vue de cette auguste forêt doit lui faire plus de plaisir que ne lui en ferait celle des plus beaux édifices.

Pourquoi, seigneur, dit Daphnide, c'est ainsi que se nommait la jeune bergère, pourquoi avez-vous choisi pour votre demeure un lieu aussi triste ? Alcibiade se garda bien de parler de son étrange philosophie à une jolie femme; mais il convint que les plaines étaient plus agréables que les forêts. Et pourquoi seul ainsi ? poursuivit Daphnide. Alcibiade convint encore qu'il valait mieux avoir des voisins.

Ah ! si je demeurais auprès d'une femme aussi aimable ! pensa-t-il en soupirant; et pourquoi me suis-je enseveli dans une solitude aussi complète ? Les habitans des champs ne ressemblent point à ceux de la ville : cette simple bergère n'est-elle pas, dans son innocence, cent fois plus belle que les femmes d'Athènes, avec toutes les ressources de la coquetterie? Sa bouche est fraîche comme la rose, pure comme le lait qui la nourrit, et douce comme le miel : cette bouche n'a sûrement jamais prononcé de mensonges ; elle est l'organe de la franchise. Ce cœur qui bat sous ce voile léger, est celui d'un enfant ; jamais le vil Plutus ne l'a marchandé. Heureux celui qui le possédera, ce cœur ! O femmes d'Athènes! j'ai renoncé à vos attraits trompeurs ; mais je n'ai point renoncé au bouheur que donne l'innocence et la nature. Ici, dans cette pauvre cabane, avec cette aimable bergère, je me trouve le plus heureux des mortels.

Ces réflexions répandirent une douce joie sur la figure d'Alcibiade; il parut si beau, que Daphnide fut forcée de baisser les yeux en rougissant. Il s'en aperçut et en fut enchanté. Il avait pour principe qu'il ne faut pas toujours respecter les femmes; mais cette fois-ci, il éprouva une volupté délicieuse à être timide : ceux qui l'avaient vu à Athènes ne l'eussent pas reconnu.

Il offrit à la belle Daphnide des fruits sauvages sur quelques feuilles fraîches; il y entremêla des fleurs, et après le plus frugal des repas,

Daphnide songea à repartir. Si vous vouliez m'accompagner, dit-elle, vous verriez ma cabane; elle est au bord de cette forêt; et lorsque vous viendriez dans nos cantons, vous prendriez aussi, en passant, un repas composé des simples mets que nous donne la terre, notre mère commune. Je vous offrirais le lait de mes troupeaux; le lait, ce nectar de nos pères, ce bienfaisant breuvage, dont sans doute les déesses se nourrissent.

Qu'il doit être délicieux versé de votre main dans la coupe que l'on va porter à ses lèvres! Oui, c'était le nectar de nos pères; il devait leur donner des désirs aussi doux que lui-même. Leurs descendans ont inventé un autre breuvage : c'est un vrai poison ; il trouble le cerveau ; il porte aux plus grands excès. La terre a frémi des crimes que l'on n'eût jamais soupçonnés, si les hommes, plus sages, se fussent contentés de manger le raisin tel qu'ils le détachaient de la vigne. Je ne veux jamais boire que l'onde pure des fontaines et le lait salutaire des troupeaux.

Eh bien, interrompit Daphnide, que ne devenez-vous berger comme nous ? Il est si agréable de conduire lentement une douce brebis et son innocent agneau sur une colline, d'où l'on jouit du plus beau spectacle du monde ! Venez avec nous ; je vous offre la moitié de mon troupeau. Alcibiade était transporté. Quelle générosité ! se dit-il intérieurement ; ah! cette ame si belle, si noble, si désintéressée, n'a jamais été souillée par l'air d'Athènes. O Daphnide! s'écria-t-il en tombant à ses genoux, je n'ai que mon cœur à vous offrir ; il est à vous tout entier. La bergère sourit et baissa les yeux.

Alcibiade lui donna la main, dit sans peine adieu à son désert, et d'un bras nerveux, auquel le regard de Daphnide donnait encore plus de force, il fit voguer la barque légère vers l'asile où il brûlait de se voir.

Oh! combien j'étais insensé d'aller m'anéantir dans cette forêt! s'écria-t-il de nouveau en apercevant la plus jolie des chaumières. C'est mon habitation, dit Daphnide. Elle était placée à mi-côte sur le rivage ; des fleurs émaillaient le gazon qui tapissait ses alentours. Une source limpide coulait auprès ; et dans les environs errait un troupeau, qui pouvait être comparé à celui qu'Apollon faisait paître chez Admète. Le soleil, vers les plaines liquides, répandait ses rayons d'or sur ce riche paysage, et dessinait par des ombres prolongées les groupes des arbres couronnés des faveurs du printemps. Un berger assis au pied d'un platane, semblait encore ajouter à la vie de ce magnifique tableau, par les sons enchanteurs qu'il savait tirer d'un instrument champêtre. Alcibiade était ravi, et l'aimable Daphnide jouissait de son bonheur. La nacelle s'arrêta ; ils en sortirent, et montèrent lentement vers l'asile pastoral.

Daphnide n'avait qu'une compagne qui lui était subordonnée. Sans trop s'en rendre compte, le jeune Athénien ne fut pas très-fâché de ne rencontrer personne dont la présence pût gêner les sentimens qu'il avait peine à contenir. Ils entrèrent. Jamais demeure aussi simple n'avait offert une aisance plus voluptueuse : rien n'y était riche; mais tout y était simple, commode et agréable. Le bois le plus commun formait les meubles; mais comme ils étaient propres et polis! Les vases, quoique d'argile, avaient de l'élégance, et les fruits, mêlés avec les fleurs, donnaient de la grâce à la corbeille d'osier dans laquelle on les avait mis. La saison ajoutait au charme de cette habitation digne d'un philosophe sensible, ramené par le malheur à la nature; l'air suave et embaumé prêtait à la félicité même un nouveau désir, un nouveau moyen de jouissance.

Alcibiade croyait ne respirer que le parfum des roses, et c'était l'amour même qu'il respirait. Il entrevit dans une petite pièce retirée, plus jolie encore que les autres, un lit, non pas semblable à ceux où la mollesse perd le reste de ses forces, ni semblable à la mousse et aux feuilles des premiers humains, mais un lit formé du duvet des cygnes qui nageaient sur le fleuve voisin, et couvert du lin même qui avait crû aux environs: ce lit était auprès d'une petite fenêtre ornée d'un rameau de vigne. Alcibiade devina que c'était celui où, chaque nuit, Daphnide goûtait le sommeil paisible de l'innocence, et son cœur palpita. Daphnide le ramena devant la chaumière, où ils firent ensemble un repas aussi sain que frugal. Jamais le jus du fruit que Bacchus protège n'avait enivré Alcibiade autant que le lait que lui versait la main de Daphnide. Dans un moment de transport, il saisit cette main charmante que les dieux ne semblaient avoir créée que pour cueillir des roses; il la plaça sur son cœur brûlant, et s'écria : O Daphnide ! vous m'inspirez tout ce que Vénus pourrait à peine faire éprouver à un dieu même. Je vous aime, c'est pour la vie; je prends le ciel même à témoin de mon serment. En pareil cas, une dame athénienne aurait cru devoir hésiter : Daphnide fut sincère, et comme Alcibiade, elle jura aussi d'aimer éternellement.

Cependant l'ombre plus épaisse s'étendait dans les airs, et les troupeaux rentraient dans les bergeries. Daphnide songea à conduire son hôte dans le lieu qu'elle lui destinait pour reposer. Ce fut dans la petite pièce qu'Alcibiade avait entrevue. Nous n'avons que deux lits, dit-elle : voilà le mien, il est pour vous; je partagerai celui de ma compagne. Alcibiade ne put la quitter sans lui parler encore de son amour.

On ne sait pas trop comment cela s'arrangea ; mais le lendemain il rendait grâce au fils de Vénus. O le plus aimable des dieux, disait-il, je te remercie ! l'innocence m'a comblé des faveurs de la beauté, et dans le sein du bonheur je n'ai pas craint la perfidie d'une coquette.

Les dames de la ville n'aiment donc pas comme on aime au hameau? demanda naïvement Daphnide. Non, non, répondit Alcibiade ; et la bergère le pressa de ne jamais abandonner les champs où l'on était si sensible et si fidèle. Il jura encore ; et ce fut moins parce qu'il savait qu'il faut toujours jurer à une femme ce qu'elle désire, que parce qu'il était lui-même très-décidé à tenir son serment.

Mon bien-aimé, ajouta-t-elle, en le pressant contre son sein, il me semble qu'on doit effectivement mieux aimer lorsque l'on voit le ciel dans sa magnificence, et les champs dans leur parure. Vois ces tendres oiseaux, continua-t-elle, en le faisant regarder par la petite fenêtre; placés sur la mousse de ce vieux chêne, ombragés par son feuillage, ne doivent-ils pas se trouver cent fois plus fortunés que s'ils étaient tristement perchés sur les ornemens de marbre du portique d'un palais? Alcibiade assura que Daphnide raisonnait avec beaucoup de justesse, et en même temps il avoua que jamais il n'avait été si heureux. Me voilà enfin, ajouta-t-il, au point où la nature a voulu que l'homme se trouvât pour jouir d'un bonheur parfait ; j'y resterai.

Les deux amans passèrent le reste de la journée, partie à raisonner sur les avantages d'une vie simple, partie à jouir de ces mêmes avantages. Le lendemain, Daphnide engagea Alcibiade à faire une petite promenade sur l'eau ; ils partirent, et après avoir voyagé quelque temps, sans paraître s'inquiéter de l'endroit où ils arriveraient, ils aperçurent tout à coup au-delà d'un groupe d'arbres une petite maison de campagne, à laquelle un peu d'élégance ne faisait rien perdre du charme de la simplicité.

Voilà une très-jolie habitation, dit Daphnide. Moins jolie que ta chaumière, reprit Alcibiade. Nous y dînerons cependant, répliqua la bergère. Soit, continua le jeune homme; nous n'en reviendrons qu'avec plus de plaisir à notre asile champêtre. Ils prirent le chemin de la maison. Daphnide, qui sans doute y était connue, fut reçue avec autant d'empressement que de respect. Elle introduisit Alcibiade, et le laissa dans une première pièce, en le priant d'attendre un peu. Il crut qu'elle allait prévenir les maîtres sur l'arrivée d'un étranger; et jetant les yeux sur les meubles, il vit que tout ce qui l'entourait était loin de la recherche, mais que tout paraissait y tendre. Bientôt une jeune esclave vint lui dire que Lydia le priait de se rendre auprès d'elle.

Il imagina qu'il s'agissait de la maîtresse de la maison; mais quelle fut sa surprise, lorsque sous un habillement plus riche, mais qui n'ôtait rien à la grâce naïve de ses traits, il reconnut Daphnide elle-même! Il demanda l'explication de ce qu'il voyait. Rien de plus naturel, dit-elle : j'ai été élevée aux champs ; j'y ai passé une partie de ma vie en simple bergère ; mais sans avoir joui d'une grande fortune, mon père m'a laissé cette maison, et j'y viens quelquefois oublier les travaux champêtres, comme vous autres Athéniens vous venez à la campagne oublier les plaisirs de la ville.

Satisfait de cette réponse, Alcibiade s'assit à côté de Lydia sur des coussins très-doux, sans regretter la mousse qui tapisse le pied des vieux chênes. En attendant que le repas fût prêt, Lydia prit une lyre sans ornemens, mais bien d'accord, et en tira des sons qui ravirent Alcibiade, et le réconcilièrent avec les arts, dont il avait méprisé les bienfaits. Ou Daphnide sous le chaume, ou Lydia dans un palais, s'écria-t-il, je t'adorerai toujours! Oh, toujours, toujours! répéta-t-elle avec une grâce enchanteresse; vous me l'avez promis. Ils s'entretinrent ensuite. Lydia, plus vive que Daphnide, parut aussi avoir plus d'esprit et de connaissances; quoique toujours naïve, elle avait néanmoins plus de noblesse. C'est l'effet d'un costume plus noble, pensait le jeune Athénien, qui le soir ne regretta pas trop les simples mets des champs devant une table assez délicatement servie. Dans un verre de cristal, il mêla une onde pure au jus vermeil de la vigne, et à peine se souvint-il du vase d'argile dans lequel il avait savouré le lait des troupeaux. Le soir, il se crut transporté dans le palais d'un génie, lorsqu'il entra dans l'appartement où il devait passer la nuit. Tout y était décoré avec le goût le plus recherché, mais sans trop de richesse. Des fleurs y étaient unies en guirlandes, et entouraient le trône du repos. Alcibiade s'endormit au milieu des plaisirs; avoua, en s'éveillant, qu'une maison bien

distribuée

distribuée était toujours plus commode, et qu'il était plus agréable de se faire servir, que de se servir soi-même. Un jour se passa dans les délices d'un bonheur nouveau.

Le lendemain matin, Lydia l'emmena visiter les environs. Tout en s'entretenant, ils s'éloignèrent, et ne s'aperçurent qu'ils avaient fait beaucoup de chemin, que lorsque la moitié du jour était déjà écoulée. Avançons encore un peu, dit Lydia. Un moment après, ils découvrirent un petit palais bâti avec goût, et auquel on parvenait par une belle avenue de platanes. Ils y allèrent directement. Plusieurs esclaves s'avancèrent à leur rencontre, et demandèrent respectueusement à Lydia quels étaient ses ordres. Alcibiade, interdit, ne savait plus que penser, et resta muet lorsque Lydia lui dit, avec cette aisance qui décelait l'habitude d'un monde choisi et d'une grande fortune : Seigneur, veuillez disposer de cette maison comme si c'était la vôtre. Il croyait rêver, se laissa conduire à travers plusieurs appartemens d'une richesse singulière, et ne s'arrêta qu'où Lydia l'invita à s'arrêter. Elle disparut un instant, et revint vêtue plus magnifiquement qu'elle ne l'avait encore été.

Je lis votre surprise dans vos yeux, dit-elle : rien de ce qui se passe n'est cependant plus naturel ; mais cette fois-ci, permettez que je vous laisse deviner. Jouissons, mon cher Alcibiade, des agrémens de la civilisation ; ils ne sont pas tout-à-fait étrangers à la nature. Ce peu de mots fut suivi d'un superbe repas, après lequel ils entrèrent dans une bibliothèque peu nombreuse, mais bien choisie. Ils y ouvrirent quelques traités de philosophie, qu'ils se gardèrent bien de lire, et ne parlèrent que de leur amour.

Le surlendemain, ils montèrent dans un char qui, en peu d'instans, les transporta dans un palais beaucoup plus riche que celui qu'ils quittaient.

Mais qui êtes-vous donc, s'écria Alcibiade, vous que je vois passer par tous les degrés de la fortune, et que j'adore dans toutes les situations? Je suis votre amie, répondit Lydia en souriant. — Vous êtes une déesse sous la figure d'une mortelle. — Oui, je suis au moins Minerve; je n'ai pas tout-à-fait pris les traits du grave Mentor, et j'imagine que je n'en réussis que mieux. Supposez que je sois la Sagesse ; je vous ramène à la raison. Alcibiade crut entrevoir un rayon de lumière. Connaissez-vous Socrate ? dit-il. C'est ce que vous apprendrez, lui répondit-on.

Comme il s'empressa d'oublier cette belle et touchante nature, dans les bras de laquelle il s'était jeté, lorsqu'il eut commencé à jouir de toutes les voluptés connues à Sybaris ! Des cassolettes d'or et d'argent placées de tous côtés, exhalaient les plus suaves odeurs de l'Asie. Alcibiade marchait alternativement sur le marbre, sur la pourpre, ou sur le cèdre poli ; les murs offraient des chefs-d'œuvre de peinture ; et le marbre, transformé en groupes amoureux, présentait partout les plaisirs des dieux et des mortels.

Lydia connaissait l'art de jouir ; et trop fine, trop délicate pour enivrer Alcibiade de tous les plaisirs à la fois, elle sut avec tant d'adresse les lui faire goûter les uns après les autres, que bientôt il ne se souvint ni de son désert, ni même de la chaumière de Daphnide.

Où me conduisez-vous enfin? disait-il à son enchanteresse qui faisait avancer un char magnifique, attelé de deux superbes coursiers ; voulez-vous me transporter jusqu'au séjour des dieux? Non, répondit-elle ; je vais vous conduire au pied de l'arbre antique où vous jugiez qu'on devait vivre si commodément. —Raillez, charmante philosophe, vous en avez le droit ; sans vous j'y serais encore. —Et vous n'en seriez ni mieux ni plus sage, répliqua-t-elle. — Il est vrai que j'étais fou; mais quelque chose que vous me disiez en votre faveur, je vous défie de me rendre sage, ajouta-t-il en lui dérobant un baiser. — Sage et heureux, mon cher Alcibiade; vous l'avouerez avant peu.

Tandis qu'ils parlaient ainsi, le char volait; ils aperçurent bientôt les édifices les plus élevés d'une grande ville. Voilà Athènes! s'écria Alcibiade; il faudra donc que j'y rentre? Sans doute, dit Lydia; ne voyez-vous pas que je vous réconcilie avec le genre humain?

Ils traversèrent les rues de cette superbe cité, et s'arrêtèrent à une maison d'une architecture plus élégante encore que magnifique.

Voilà donc votre chaumière, aimable Daphnide, douce et naïve bergère du vallon de Tempé! dit Alcibiade en soupirant; et la moitié du troupeau que vous m'aviez promis? Dangereuse syrène! comment pouvais-je être philosophe avec vous? Comme Socrate l'est lorsqu'il vient chez moi, répliqua-t-elle; c'est le conseil que vous donne Aspasie. Aspasie! s'écria-t-il... O songes charmans des premiers jours du monde! qu'êtes-vous devenus? — Demain, si vous le désirez, nous serons bergers dans la chaumière qui vous a tant plu. — Non, dit-il; vous ne me rendriez pas mon illusion. Vous étiez si naïve! et j'aimais si tendrement! c'est un bien grand bonheur qu'une belle illusion!..... Mais vous êtes adorable sous ce costume de Vénus, se hâta-t-il d'ajouter. — Oui; mais Vénus n'est point naïve comme une bergère, interrompit Aspasie; je vous tiens quitte du serment fait à Daphnide : il me suffit d'avoir réussi où Socrate eût échoué. Avec lui vous eussiez raisonné, vous vous fussiez entêté ; vous m'avez suivi. Je vous rends à la patrie et à la gloire. Un archonte de mes amis m'a promis de vous recommander avantageusement. Venez quelquefois me voir ; nous rirons de nos folies, de ma simplicité pastorale et de votre raisonnable philosophie ; mais nous n'en rirons qu'ensemble : il ne faut pas qu'un jeune homme fait pour prétendre à la gloire, débute dans le monde avec un ridicule.

Alcibiade soupira au souvenir de Daphnide ; mais il n'en remercia pas moins Aspasie, et bientôt il devint un grand homme.

FIN.

De l'Imprimerie de J.-B. Imbert, rue de la Vieille-Monnaie, n°. 12.

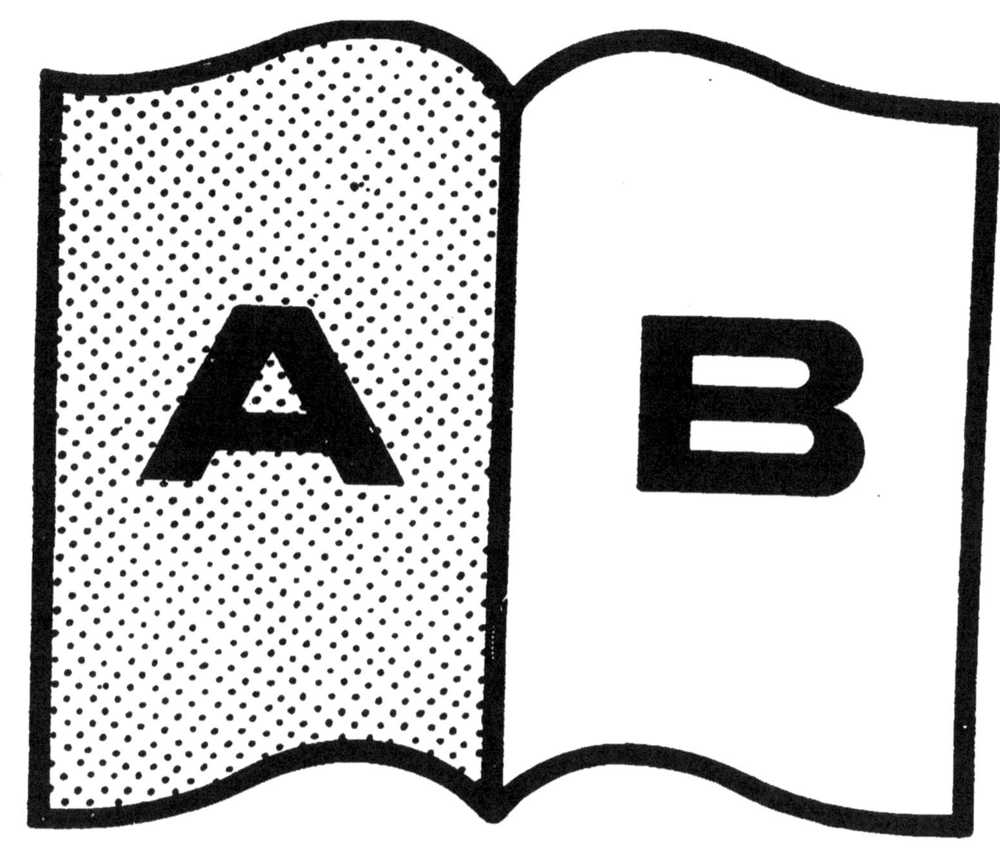

Contraste insuffisant

NF Z 43-120-14

www.ingramcontent.com/pod-product-compliance
Lightning Source LLC
LaVergne TN
LVHW010559110826
845149LV00003B/701
* 9 7 8 2 0 1 1 8 8 4 7 5 6 *